죽음의 두려움을 이기는 세븐 게이트

아우구스티누스의 성찰

죽음의 두려움을 이기는 세븐 게이트

아우구스티누스의 성찰

2019년 8월 10일 초판 인쇄
2019년 8월 15일 초판 발행

지은이 문시영 | **교정교열** 정난진 | **펴낸이** 이찬규
펴낸곳 북코리아 | **등록번호** 제03-01240호
주소 13209 경기도 성남시 중원구 사기막골로 45번길 14 우림2차 A동 1007호
전화 02-704-7840 | **팩스** 02-704-7848
이메일 sunhaksa@korea.com | **홈페이지** www.북코리아.kr
ISBN 978-89-6324-667-3 (93230)

값 8,000원

죽음의
두려움을
이기는
세븐 게이트

아우구스티누스의 성찰

문시영 지음

북코리아

사람은 살아온 대로 죽는다

'웰다잉(well-dying)' 시대입니다. 웰다잉 특강이 많아지고 '웰다잉지도사'라는 것까지 생겨나고 있습니다. 자격증 과정까지 만들어야 하는 것일지, 과연 웰다잉의 본질에 대한 이해를 바탕으로 하고 있는 것인지 안타까운 마음입니다. 윤리학을 전공하여 생명의료윤리에 관심하면서 짧은 기간 국가생명윤리심의위원회 전문위원으로 섬겼던 경험에 비추어볼 때, 걱정됩니다. 죽음에 대한 성찰이 필요한 시대에 본질에서 어긋나지 않아야 하는데 말입니다. 무엇보다 죽음에 대한 이야기에 그치지 않고 존엄한 삶에 대한 관심으로 이어지기를 기대해봅니다.

이 책은 삶과 죽음이라는 무거운 주제를 가급적 편하게 읽어낼 수 있도록 '세븐 게이트' 구조로 집필했습니다. 거창하게 일곱 개의 관문을 세세하게 풀어서 말하는 것은 아니지만, 첫째 문에서 일곱째 문까지 한 단계씩 삶과 죽음에 대한 인문학적 성찰을 이어가는 과정으로 디자인해보았습니다. 첫 질문은 죽음에 대해 관심하게 하며, 일곱째 질문은 삶에 대한 관심을 일깨워주려는 의도를 담고 있습니다. 전체적으로는 죽음에 대한 바른 인식에서 삶의 존엄에 대한 관심으로 나아가게 하려는 취지라고 하겠습니다.

바라기는 이 작은 책을 통해 독자 여러분께 죽음의 두려움을 이기는 존엄한 삶에 관하여 성찰할 기회를 제공할 수 있다면 더없이 좋겠습니다. 그리고 필자를 포함하여 죽음의 두려움을 가진 우리 모두가 그 두려움을 이기는 길이 오늘이라는 시간 안에서 영원을 바라보며 존엄한 삶을 살아가는 것임을 재확인할 수 있기를 바라는 마음입니다.

2019년 여름
저자

Seven Gates

아우구스티누스와 함께 '죽음의 두려움'을 극복하는 여정

1st
Gate

죽음의
두려움에
관심하는가?

일상에 들어온 죽음

우리말에 '죽겠다'는 표현이 매우 많습니다. 대개는 '~해서 죽겠네'라는 형태로 쓰입니다. '미워 죽겠네', '힘들어 죽겠네' 등 거의 습관적으로 사용되는 것 같습니다. '좋아 죽겠네'도 있는 것을 보면 부정적인 요소들에만 붙는 것은 아닌 듯합니다.

부정 혹은 긍정의 관점 이외에도 사용됩니다. '심심해'라는 표현은 거의 사용하지 않고 '심심해 죽겠다'고 합니다. '죽을 뻔했네', '죽고 싶냐?', '죽인다!'까지 포함하면 죽음을 입에 달고 사는 사람들이 아닐까 생각될 정도입니다.

언어상의 과장법이라고 해야 할지, 혹은 인간 무의식에 대한 정신의학적 접근으로 풀어내야 하는 것일지 간단한 문제는 아닌 것 같습니다. 어쨌든 이런 표현들이 생각보다 정말 많이 쓰인다는 것만큼은 분명해 보입니다.

흥미롭게도 '이제 겨우 살겠네!', '살려줘' 같은 표현은 상대적으로 적습니다. 왜 그런 것인지 딱히 단정하기는 어렵지만, 그 말을 하는 경우는 '살아있기' 때문일 듯싶습니다. 살아있음을 전제로 죽음을 말하는 것이라서 역설적으로 '죽을 뻔했다'고 표현하는 것은 아닐까 하는 생각도 듭니다.

게다가 '죽겠네!'라는 말에는 그만큼 강렬하다는 뜻과 함께 '살고 싶다'는 삶에 대한 애착 또한 강하게 담겨 있는 것 같습니다. '늙으면 죽어야지', '내가 너무 오래 살았다'는 말은 '죽고 싶어 죽겠네!'라는 뜻보다는 삶에 대한 강한 욕구 또는 생명에 대한 애착을 표현하는 것이라 하겠습니다.

이러한 표현들의 공통점은 죽음과 삶이 그리 멀지 않다는 생각을 담아내는 것이라고 할 수 있습니다. 국어 어법에 관해 혹은 정신분석학에 대해 어설프게 기웃거리려는 마음은 없습니다. 우리말 표현에 삶과 죽음에 관한 그 무엇인가를 말해주는 메시지가 담겨 있는 것은 아닐까 싶은 생각이 들어서 그 이야기를 풀어내려는 취지입니다.

우리의 일상 언어에 깊숙이 들어와 있다는 점에서, 멀리 있지 않다는 사실에 주목하고 싶습니다. 죽음에 대해 말하는 것은 죽음만 떼어놓고 하는 말이라기보다 삶과 죽음이 긴밀하게 연관되어 있다는 이야기 말입니다.

이래저래 우리는 지금 '죽음'에 대해 말하고 있습니다. 흥미롭게도 무겁고 무섭게만 보이는 죽음 이야기가 유명세를 누리는 경우가 있군요. 마이클 샌델(Michael J. Sandel)의 '정의론(Justice)', 탈 벤 샤하르(Tal Ben Shahar)의 '행복론(Happiness)'과 더불어 아이비리그 3대 명강의로 꼽히는 '죽음론(Death)'

의 주인공 셸리 케이건(Shelly Kagan)은 '나는 반드시 죽을 것이다. 나는 어떻게 살아야 하는가?'를 풀어낸 이야기로 베스트셀러 작가에 올라가 있습니다.

죽음을 말하는 것 자체가 흥미로운 일은 아닐 것입니다. 또한 별로 듣고 싶지 않은 이야기일 것 같은데 정말 흥미로운 일입니다. 얼마나 유머러스하고 통찰력 있는 강의를 해서 그런 반응이 나왔을지 한 사람의 교수로서 무척이나 궁금합니다. 부럽다고 말하는 것이 솔직한 심정입니다.

책을 읽어보기는 했지만, 딱히 새로울 것은 없는 것 같습니다. 교만한 소리로 들릴지 모르겠지만, 죽음에 관한 이야기는 새로울 것이 없다고 말하는 것이 맞습니다. 죽음을 피할 수 없는 존재로서, 죽음에 대한 이야기는 철학자의 강의에서 특별해지는 것이 아니라 모두가 성찰해야 할 과제라는 이야기를 하고 싶습니다.

제가 보기에 케이건 교수가 철학자로서 응용력을 발휘한 것은 분명합니다. 하지만 그분의 이야기는 인문학, 특히 철학과 신학에서 늘 해오던 이야기였습니다. 그의 이야기를 귀담아 들어줄 준비가 되어 있는 청중, 그리고 그의 유명세를 포함한 여러 가지 요소가 시너지를 낸 것이라 생각됩니다.

정말 중요한 것은 그가 '죽음'이라는 주제를 대중화시

키고 모두에게 성찰하도록 기회를 주고 있다는 사실입니다. "삶에서 죽음을 향하여 가는 것은 분명하지만, 죽음의 인식으로 삶을 재해석하라." 그런 이야기를 하고 있는 것 같습니다. 멋진 말입니다.

그리고 케이건의 이야기가 특별한 것이 아니라 우리의 일상 언어와 그리 멀지 않은 이야기라는 점을 기억하는 것이 좋겠습니다. '죽겠네!'를 입에 달고 사는 우리의 무의식에 살고 싶은 애착이 역설적으로 작용한다는 점을 비롯하여 삶과 죽음은 두부 자르듯 구획 지을 문제가 아니라는 사실을 깨닫는 것이 중요하다는 뜻입니다.

누군가 말했듯이 죽음은 삶에 시비를 걸어서 오늘을 제대로 살아가고 있는지 일깨워줍니다. 죽음의 이야기는 무겁고도 어두울 수 있겠지만, 본질적으로는 삶의 이야기와 연관된다는 사실에 주목해야 합니다. 소크라테스의 말이라고 전해지는 경구가 생각납니다. "삶은 죽음의 연습이다."

죽음의 두려움

새삼스럽게 죽음의 문제를 다루려는 이유가 무엇일지 궁금하실 수 있겠습니다. 일상 언어의 현상에서만 아니라, '웰다잉'이라는 시대적 이슈와 '초고령' 사회를 향하고 있다는 예측이 맞물려 있기 때문입니다. 이 두 가지 요인에 대해서는 다음 장에서 좀 더 깊이 다루겠지만, 학자들은 이러한 시대적 맥락에서 두 가지 압도적인 두려움에 사로잡힐 우려가 있다고 지적합니다.

그 하나는 '부양의 두려움'이고, 다른 하나는 '죽음의 두려움'입니다.[1] 웰다잉과 초고령의 시대적 과제를 잘 요약해 주는 것 같습니다. 두 가지 중에서 우리는 죽음의 두려움에 집중하고자 합니다. 노년에게만 아니라 모두에게 해당한다는 점에서 모두가 관심을 가져야 할 주제라 하겠습니다.

사실, 일상 언어에서 죽음을 익숙하게 말하기는 하지만, 죽음 자체는 결코 익숙하지 않습니다. 여러 이유가 있겠지만, 죽음의 두려움이 작용한 탓이 크다고 할 수 있습니다. 죽음은 일상 언어 깊숙이 들어와 있는 것이지만, 친숙한 대상은 아닙니다. 무겁고도 무서운 일이며, 가까이하고 싶지도 않습니다. 오히려 두려움의 대상입니다.

'티모르 모르티스(timor mortis)'라는 라틴어가 이러한 정황을 대변하는 용어일 듯싶습니다. '죽음의 두려움'이라고 번역할 수 있는 이 용어는 죽음 자체를 두려워하는 것일 수 있고, 혹은 죽음의 과정에서 겪게 되는 고통을 두려워하는 것일 수 있습니다. 육체의 고통은 물론이고, 죽음으로 인해 발생하는 이별과 삶의 소멸에 대한 두려움도 포함됩니다.

라틴어 표기라는 것만으로 그 시대의 관심이었을 것이라고 단정하는 것은 옳지 않습니다. '죽음을 향한 존재(Sein zum Tode)'로서의 인간에게 죽음은 실존의 문제이기 때문입니다.[2] 아쉬운 것은 죽음에 대한 인문학적 논의들이 결코 적지 않음에도 불구하고 '죽음의 두려움'을 다루는 경우가 거의 없다는 사실입니다.[3]

다행스러운 것은 서양의 스승이라고 불리는 아우구스티누스(Aurelius Augustinus Hipponensis, 354~430)가 이 주제를 심도 있게 다루었다는 점입니다. 죽음의 두려움을 지닌 존재로서, 우리 모두는 아우구스티누스가 '죽음의 두려움'이라는 주제를 어떻게 다루었는지 관심을 가질 필요가 있습니다.

짚어둘 것이 있습니다. 죽음의 두려움을 다룬다고 해서 정신의학 또는 심리학을 통한 길을 가야만 하는 것은 아닙니다. 인문학적 성찰을 시도하려는 취지임을 밝혀두고 싶을 따름입니다. 인간에 관하여 그 실존적 의의와 인간 존엄에 대한 관심을 다룬다는 점에서 인문학적 접근이 지닌 의의는 결코 작지 않습니다.

인간의 문제로서 죽음과 삶을 다루어야 하는 이유는 분명합니다. 죽음의 두려움이란 특정한 개인이 지니는 심약한 태도를 지칭하는 것도 아니고, 시대마다의 특징에 따라 변경될 수 있는 이야기도 아니며, 인간에 대한 성찰이기 때문입니다. 더구나 죽음의 두려움을 이겨낼 길을 찾는 것도 결과적으로는 삶을 어떻게 이어갈 것인가의 문제와 직결된다고 할 수 있습니다.

다만, '죽음의 두려움'이 하나의 '키워드'라는 사실에 유념해주면 좋겠습니다. 죽음에 관한 이야기는 크고도 다양하기 때문입니다. 두려움의 문제만 다루겠다는 뜻이 아니라, 더 큰 이야기를 풀어낼 단초가 된다는 점에서 'timor mortis'로 표현된 죽음의 두려움은 핵심단어 혹은 키워드라고 할 수 있겠습니다.

무엇보다 죽음을 대하는 태도와 윤리적 과제를 아우르는 이야기로 풀어내고자 합니다. 죽음의 문제에 국한시키지 않고 죽음의 두려움을 통해 성찰하는 삶의 의의, 가치, 그리고 삶의 윤리적 실천과제에 대한 이야기로 나아가겠다는 뜻입니다.

참고할 것이 있습니다. 죽음의 두려움에 관한 이야기를 풀어가기 위해 필요한 기본사항입니다. 아우구스티누스는 죽음과 관련하여 '죽음(death)'과 '죽어감(dying)'을 구분합니다. 그에 따르면, 죽음이 다가오고 있음을 느끼는 끔찍함으로서의 죽음의 두려움을 경험하는 것은 죽어감의 과정에서입니다.

인간은 죽어가는 과정에서 죽음이 엄습하여 모든 육체의 감각을 빼앗아가기까지 점점 더 감각이 무뎌져간다고 할 수 있습니다. 죽음 이후에는 감각 자체가 없어진다는 점에서 인간이 끔찍하고도 고통스러운 느낌으로서 죽음에 대해 두려움을 가지는 것은 죽음 그 자체에 대한 것이라기보다 죽음이 엄습해오고 있음을 의식하는 과정과 연관된다고 하겠습니다.[4]

사실, 죽음이란 이 세상의 삶에서 확정된 것 중 하나이지만 언제 죽는지는 확정되지 않았습니다. 그날이 가까이 오고 있거나 연기되고 있으며, 그 사실이 인간에게 크나큰 고통을 줍니다.[5] 죽음이 임박하면, 두려움에 떨면서 하루만이라도 더 살기를 구걸하고, 질병에 대한 미신적인 치료법까지 동원하여 죽음을 연기하려 합니다. 과연 이 문제에 대해 아우구스티누스는 어떤 이야기를 풀어냈는지를 살펴보도록 하겠습니다.

웰다잉,
죽음의
두려움을
극복하는가?

'죽음'이라는 말은 하나이지만, 그 상대어는 여럿입니다. 특히, '삶'이라는 말과 '생명'이라는 말이 주로 쓰입니다. 같은 말인 듯싶지만, 차이가 있습니다. 국어사전에서는 '삶'을 '사는 일' 또는 '목숨' 또는 '생명'으로 풀어냈고 '생명'은 "사람이 살아서 숨 쉬고 활동할 수 있게 하는 힘", "자궁 속에 자리 잡아 앞으로 사람으로 태어날 존재", 그리고 "동물과 식물의, 생물로서 살아있게 하는 힘"이라고 합니다. '생명'과 '삶'을 구분하는 것 같기도 하고 섞여 있는 것 같기도 하네요.

사실, 이 부분을 설명하는 데는 헬라어도 한몫을 합니다. '조에(ζωή)'는 "한 사회에서 가지는 개인의 사회적 혹은 정치적 위치 혹은 태도"를 뜻합니다. 그리고 '비오스(βίος)'는 주로 '목숨', '숨통'을 뜻하지요. 비오스는 생물학적 의미에서의 생명에 해당하고, 조에는 영적 의미의 생명을 뜻한다고 둘 사이를 구분하기도 합니다.[6]

하지만 굳이 두 가지를 구분해서 그중의 하나는 가치가 떨어진다고 말하는 것은 아닙니다. 두 가지 모두에 관심을 두어야 합니다. '죽음'의 상대어로서 '삶'의 의의와 윤리에 관하여, 그리고 '생명'의 가치와 윤리에 관심을 가져야 한다는 뜻입니다.

여기서 설명한 두 가지 중 후자를 다루는 분야를 가리켜 '생명의료윤리(bio-medical ethics)' 혹은 '생명윤리'라고 할 수 있습니다. 그리고 전자는 '생사학(thanatology)'에 해당하겠습니다. 삶과 죽음의 문제에 관한 성찰이라는 점에서 '생사학'을, 죽음과 생명의 문제에 대한 관심이라는 뜻에서 '생명윤리'를 말할 수 있습니다.[7]

굳이 이런 말을 꺼낸 데는 이유가 있습니다. '웰다잉' 시대를 맞이하여 인문학적 성찰에서 다루어야 할 주제를 소개하려는 목적입니다. 웰다잉에 관한 생명윤리, 그리고 웰다잉에 관한 생사학이라는 두 가지 관심사를 통하여 죽음에 관해 성찰하고 삶의 윤리를 말하는 인문학적 접근을 시도하는 것이라 하겠습니다.

웰다잉, 생명윤리에서 생사학으로

'웰다잉(well-dying) 시대'라고들 합니다. 웰다잉지도사 민간자격증 강좌가 난립할 정도가 되었습니다. 웰다잉이 새로운 마케팅 수단으로 남용되지 않기를 바랄 뿐입니다. 생각해

보면, '웰다잉'은 '생명의료윤리'와 '생사학'이라는 두 요소의 교집합 영역에 있습니다. '죽음'의 문제가 그것입니다. 죽음에 대한 성찰은 생명윤리를 통한 접근 및 생사학을 통한 관심 사이에 놓여 있다고 하겠습니다.

'웰다잉법(호스피스 · 완화의료 및 임종과정 환자의 연명의료 결정 법률: 2016년 통과, 2018년 시행)'을 계기로 '죽음'에 대한 관심이 커지고 있습니다. 연명치료 중단 및 호스피스 · 완화의료 문제는 '죽음의 준비'라는 명분으로 상조서비스 마케팅으로까지 연계되고 있습니다. 전체적으로 보면, '웰다잉'은 특정한 영역의 이슈라기보다 일종의 문화적 변화의 아이콘으로 이해되어야 합니다.

특별히 눈에 띄는 부분은 연명치료를 '선택'할 수 있게 했다는 사실입니다. 돌이켜보면, 1997년 '보라매병원 사건', 2009년 '김 할머니 사건'으로 촉발된 연명치료 중단에 대한 법제화가 이루어졌다는 점에서[8] 우리 사회에서 죽음에 대한 인식의 변화가 어떻게 나타나고 있는지를 실감할 수 있습니다.

개인적으로, 국가생명윤리심의위원회 전문위원으로 짧은 기간 일했던 경험에 비추어보면, 웰다잉을 마케팅하려는 시도는 용납하기 어렵다는 생각입니다. 오랜 기간 동안 너무도 치열한 토론이 진행되었다는 사실은 고려하지 않은 채 발빠르게 자격증 과정을 개설해서 웰다잉법의 열매만 누리려고 하는 것처럼 보이기 때문입니다.

따지고 보면, 그 자격증이라는 것도 국가공인이 아니라 민간자격증일 뿐이라는 사실도 지적해주고 싶지만, 굳이 금지하려는 취지는 아닙니다. 다만, 자격증을 남발해서는 안 된다는 점은 분명하다고 하겠습니다.

자격증을 말하려면 생명의료윤리의 오랜 배경에 대한 인식이 필수적이어야 합니다. 의생명과학자, 종교인 및 인문학자를 포함한 여러 관점에서 오랜 기간 심각한 논변이 있었다는 점을 간과해서는 안 됩니다. 왜곡을 방지하기 위해서라도 자격증 교육과정에 필수과목으로 이런 내용이 꼭 들어가야 할 것 같습니다.

웰다잉을 수단화할 것이 아니라, 본래의 취지를 구현하도록 이끌어가는 것이 중요합니다. 여기저기 많아진 이야기들이 웰다잉의 본질을 놓치는 경향을 보이고 있다는 점에서 우려가 큽니다. 적어도 다음과 같은 두 가지를 반드시 성찰해야 한다는 점을 지적해두고 싶습니다.

존엄사? 연명의료 중단!

각별히 주의할 것이 있는데, '안락사'를 권장하는 것처럼 판단해서는 곤란합니다. 사실, '존엄사'라는 단어조차 조심해야 합니다. '안락사'도 '존엄사'도 아닌 '연명의료 중단'이라고 하는 것이 옳습니다.

'연명의료'라고 하는 것은 주로 심폐소생술, 인공호흡기, 혈액투석, 그리고 항암제 투여를 지칭하며, 웰다잉은 이러한 종류의 연명의료를 중단하는 것을 말합니다. 처음부터 연명의료를 받지 않는 경우도 있고, 그동안 진행해온 연명의료를 중단하는 경우도 있겠습니다.

대부분의 경우, 여기까지는 알고 있다고 하더라도 수분과 영양공급을 중단해서는 안 된다는 사실에 대해서는 간과하기 쉽습니다. 하지만 이것이 정말 중요한 부분이라는 점을 강조해두고 싶습니다.

이것을 좀 더 풀어서 설명하려면, 웰다잉을 '존엄사'라고 하지 말아야 하는 이유와 맞물립니다. '안락사(euthanasia) 허용'이라고 오해해서는 안 된다는 점이 핵심 포인트입니다.

'존엄사'라는 멋진 표현을 사용하기는 했지만, 인간의 존엄을 위한 최선의 길이라는 뜻일까요? 혹시 '존엄적'이라는 수식어가 붙은 '안락사'를 생각하면서 그것이 인간 존엄을 위한 수단이라고 말한다면, 웰다잉의 바른 인식을 위하여 반드시 바로잡아야 할 부분입니다.

사실, '안락사'라는 말은 간단하지 않습니다. 원래는 현대적 구분처럼 여럿이 아니었습니다. 현대사회에서는 '편안한 죽음'이라는 그리스 어원과 다른 방식으로 안락사를 설명하려는 경향을 보이고 있다는 점이 더 큰 문제입니다.

현대적 의미의 안락사에는 의생명과학기술의 발전에 따른 '세분화된 설명' 혹은 '시술방식에 따른 구분'이라는 요소가 들어 있습니다. 게다가, 최근에는 '의사조력자살(physician assisted suicide)'이라는 개념까지 추가되고 있습니다. 한마디로, 범위가 매우 넓습니다.

안락사는 환자의 의지에 따라, 시술방식에 따라 구분됩니다.[9] 환자 또는 가족의 의지를 기준으로 자의적(voluntary) 안락사, 비자의적(non-voluntary) 안락사, 반자의적(involuntary) 안락사로 각각 구분할 수 있겠습니다.

반자의적 안락사는 나치에 의해 자행된 유태인 학살이 해당할 듯싶습니다. 비자의적 안락사는 환자의 의사를 확인할 수 없는 경우에 해당합니다. 그리고 자의적 안락사에 요건이 추가됩니다. 사전승낙(고지된 승인, informed consent) 또는 사망선택유언(생전유언, living will)이 그것입니다.

시술 방법을 기준으로 적극적(active) 안락사와 소극적 (passive) 안락사를 구분해야 합니다. 의료적 수단의 사용 및 미사용의 차이라고 할 수 있겠습니다. 적극적 안락사는 약물 투여 등 적극적인 시술을 통한 안락사를 말하고, 소극적 안락사는 '치료행위의 중단'에 가깝습니다.

그 밖에 최근 미국에서 문제가 되었던 죽음의 의사(Dr. Death) 커보키언(Jack Kevorkian) 사건은 '의사조력자살'이라는 또 다른 개념을 추가합니다. 적극적 안락사라고도 할 수 있지만, 환자와 의사가 함께 환자를 죽인다는 특징이 있습니다.

현대사회에서 안락사 개념은 '죽음에 이르는 방식(how the death is brought about)'에 관한 논쟁거리가 되고 있습니다. 의료기술의 발전 및 생명문화의 변화를 배경으로 안락사 개념을 둘러싸고 죽음의 방식과 권리, 그리고 인간 존엄의 의미와 관련된 다양한 논의가 진행되고 있습니다.

문제는 안락사 개념의 세분화 과정에서 그럴싸한 수식 어가 등장한다는 점입니다. '자비적(beneficient)' 안락사라고 부르는 경우가 그렇고, '존엄적(dignity)' 안락사라는 용어를 말하는 경우도 있습니다.

논리상으로는 소극적 안락사에 해당하지만, '자비적',

'존엄적'이라는 수식어가 붙은 셈입니다. '존엄사(尊嚴死)'라는 표현을 쓰게 되면 훨씬 더 뭔가 '있어 보이게' 됩니다. '자비로운 행위' 또는 '인간 존엄성을 지키기 위한 조치'라는 단서를 붙여 안락사를 합법화하려는 시도가 두드러지는 이유입니다.

웰다잉은 어디에 해당할까요? '제한된 의미의 소극적 안락사'라고 주장하기도 하지만, 연명의료 중단이라고 하는 것이 맞습니다. 웰다잉에 대한 논란에서 '무의미한 연명치료의 중단'이라는 표현이 나왔던 것 같습니다. 무의미한 치료가 어디 있느냐고 질문하면, 연명치료가 오히려 환자를 고통스럽게 하는 경우가 많다는 반론을 받았던 기억도 납니다.

이러한 격렬한 토론과정에서 '연명치료'라는 말보다 '연명의료'라는 단어가 법률용어로 정착된 것 같습니다. 기왕에 법제화된 정황에서 필자가 강조하려는 핵심은 웰다잉을 '존엄사' 혹은 '존엄적 안락사'라고 부를 것이 아니라, '연명의료 중단'이라고 말하는 것이 좋겠다는 점입니다.

연명의료 중단이라는 것도 간단한 말은 아닙니다. '심폐소생술 중지', '인공호흡기 제거', '수액/영양 공급 중지', '투약 중단', '수혈 중단', '투석 중단' 등 행위의 특성에 따라 치료 중단의 종류가 구분됩니다.[10] 웰다잉을 말하면서 이러한 배경지식들을 생략한 채 존엄한 죽음이라는 표현에만 집착하면 왜곡이 생긴다는 사실을 꼭 지적해두고 싶습니다.

더구나 연명의료 중단에서 물과 영양공급을 중지해서는 안 된다는 점은 무척이나 중요합니다. 우리나라의 경우와 달리 프랑스에서는 안락사를 허용하지 않는 대신에 음식물과 물을 공급하는 튜브를 제거하거나 그와 동시에 다량의 진정제를 지속적으로 투입하는 방식을 고민하는 경우도 있다는 뉴스를 읽었던 기억이 납니다.[11]

우리나라의 경우는 웰다잉법에 연명의료를 중단하더라도 물과 영양은 공급해야 한다는 취지를 반영하고 있습니다. 웰다잉의 법제화 과정에서 종교계의 의견으로 강력하게 제안한 부분입니다. 이러한 이유로 '존엄사' 혹은 '존엄적 안락사'라기보다 '연명의료 중단'이라고 해야 맞겠습니다.

비슷한 경우로 미국의 '자연사법(Natural Death Act)'이 있습니다. 그리고 《집에서의 죽음(Dying at Home)》이라는 책이 출간될 정도로, 집에서 죽는 옛 전통으로 돌아가자는 운동도 벌어지고 있다고 합니다. 말기환자(terminal patient)의 요청에 의해 퇴원을 시키는 경우가 여기에 해당합니다.

'웰다잉법'이 호스피스 완화의료와 연관되어야 할 이유가 여기에 있습니다. 말기환자를 위한 대안으로 다루어지는 호스피스 프로그램은 죽음을 준비하게 하며, 인간 존엄을 존중하여 삶의 마감을 돕는 과정이라고 하겠습니다.

웰다잉법을 준수해야!

안락사가 아니라 연명의료 중단이라는 인식을 가지는 것과 함께 '웰다잉법'을 비롯한 법률이 정한 범위 안에서 엄격하게 적용되어야 합니다. 지정된 의료기관을 통해 이루어져야 한다는 점, 그리고 '추정동의'에 대해서도 법률이 정한 절차들을 따라야 한다는 점도 중요합니다.

웰다잉법에 따르면, ① 연명의료 중단을 원하는 환자의 경우, 말기 및 임종 단계에서 주치의와 함께 연명의료를 받지 않겠다는 연명의료계획서를 작성하여 법률적 효력을 인정받을 수 있습니다. 또한 ② 19세 이상 성인의 경우, 회복 불가능한 상태가 됐을 때 연명의료 중단을 희망한다는 사전연명의료의향서를 작성해 주치의에게 확인받으면 법적 효과를 인정받을 수 있습니다.

그리고 ③ 연명의료계획서가 없는 경우 가족 전원이 연

명치료를 받지 않겠다는 뜻을 전달하고 의사 2인이 확인해야 하며, 가족이 없는 환자는 의료기관의 내·외부 전문가 5인 이상으로 구성된 '의료기관 윤리위원회'가 만장일치로 연명의료 중단을 결정할 수 있습니다. 이 법에 대한 의견 중에는 죽음을 둘러싼 경제적 이해관계가 얽힐 수 있다는 점에서 제3의 공식기관에서 심의해야 한다는 주장도 있는 것 같습니다.[12]

웰다잉법에서 말하는 규정을 요약하자면, '말기환자'는 〈연명의료계획서(POLST: Physician Orders for Life-Sustaining Treatment)〉를 작성할 수 있으며, 일반성인의 경우는 미래의 사태를 대비한다는 의미에서 〈사전연명의료의향서(AD: Advance Directives)〉를 작성할 수 있습니다. 이 과정에 해당 의료진의 소견이 반영됩니다.

그리고 '추정동의'까지 가지 않는 것이 최선이겠지만, POLST 혹은 AD가 없는 경우 환자의 의사를 추정하여 친족이 동의해야 하는 경우가 있습니다. 이 경우에는 친족의 범위와 순위를 어떻게 할 것인가에 대한 논의도 법률이 정한 절차를 따르도록 되어 있습니다.

웰다잉을 말하려면, 특히 관련된 민간자격증을 강습하려면 이러한 법률적 규정들도 충분히 숙지하는 것이 필수입니다. 게다가 웰다잉법이라는 결과물만 놓고 법률의 규정과 절차에 집중하기 쉽지만, 그것이 전부는 아닙니다.

예를 들어, 의료윤리의 원칙들에 관한 이해가 필수입니다. 가장 권위 있는 의료윤리 교과서로 인정받고 있는 뷰참(T. L. Beauchamp)과 칠드레스(J. F. Childress)의 책에 의료윤리의 원칙들이 나옵니다. 자율성 존중의 원칙, 악행 금지의 원칙, 선행의 원칙, 그리고 정의의 원칙이라는 4대 원칙이 그것입니다. 그중에서도 자율성 존중의 원칙이 가장 중요한 요소입니다. 생전유언(living will)에 대한 존중을 비롯하여 심폐소생술 거부(DNR: Do Not Resuscitate) 서약 등을 생각해볼 수 있겠습니다.

웰다잉과 관련하여 엄격한 법률절차를 강조해야 하는 근본적인 이유 역시 자율성 존중에 있습니다. 그리고 자율성 존중 외에도 웰다잉이 법제화되기까지 수많은 논의가 있었습니다. 그 과정에 의료적 관점에서의 논변은 물론이고 생명의 존엄에 대한 다양한 논의가 있었다는 점을 잊지 말아야 합니다.

예를 들어, 생명의료윤리의 역사에 관한 이해가 필요합니다. 오늘날 논의되는 생명윤리를 다른 말로는 '생명윤리의 재론(bio-ethics revival)'이라고도 표현합니다. 1960~1970년대 기독교윤리학계에서 사용한 생명윤리 개념을 확대하여 재론한 것이라는 뜻입니다.

당시 의료 신기술을 주도하던 미국에서는 신장투석기 발명 이후에 신장투석 대상을 어떻게 선정할 것인가를 둘러싼 여러 논쟁이 있었다고 합니다. 그리고 '뇌사'의 개념이 등장하기 시작하면서부터는 삶과 죽음의 정의를 어떻게 설정할 것인가에 관하여 많은 논란이 진행되었습니다.

생명윤리에 관해 논의할 때 기독교윤리학자들이 자주 등장하는 데는 이유가 있습니다. 의료윤리의 문제들을 중심으로 사회의 여러 그룹에서 윤리적 논의가 활발하게 진행되었습니다. 이때 신학자들이 가장 먼저, 그리고 가장 많이, 또한 가장 다양한 관점에서 그 대안들을 제시했습니다.

예를 들어, 의료에서 '인격'이라는 개념은 임신중절과 죽음의 정의, 안락사와 생명연장의 문제 및 인체실험에 이르기까지 다양한 문제와 관련하여 민감한 요소입니다. 임신 3개월가량의 태아(fetus)와 회복 불가능한 혼수상태의 환자(comatose)를 포함하여 단지 생리적인 인간도 인격이라고 부를 수 있는가의 문제와 직결되는 셈입니다.

'상황윤리(situation ethics)'의 제안자로 널리 알려져 있는 신학자 플레처(J. Fletcher)는 이른바 '인간 프로필 시안(tentative profile of man)'이라는 것을 만들어 인격성의 기준을 제안했습니다. 다음과 같은 기준들입니다.[13]

> ① 최소한의 지능(플레처는 IQ 40 이하는 의심스러운 존재로, 20 이하는 인간이 아니라고 주장합니다), ② 자의식, ③ 자기절제, ④ 시간감각, ⑤ 미래감각, ⑥ 과거감각, ⑦ 타자와의 관계형성 능력, ⑧ 타자에 대한 관심, ⑨ 의사소통능력, ⑩ 유기체적 통제능력, ⑪ 호기심, ⑫ 변화와 가변성, ⑬ 이성과 감정의 균형감각, ⑭ 개체로서의 특이성, ⑮ 신피질 작용

플레처의 주장을 두고 너무 극단적인 것은 아닌지를 따져보려는 것은 아닙니다. 생명윤리의 역사가 그리 간단한 것만은 아니라는 이야기를 하고 싶을 따름입니다. 그리고 웰다잉 자체가 본래 생명의료윤리의 이슈라는 점을 강조하고 싶습니다.

요즘처럼 마케팅을 위한 수단으로 고안된 것도 아니고, 죽음 교육을 위한 논의가 일차적인 목적도 아니었습니다. 그야말로 의료현장의 절실한 이슈였으며, 첨예한 의견대립을 통해 법제화 과정을 거쳤다는 사실을 잊어서는 안 됩니다.

이 부분에 대해 올바르게 이해하려는 노력이 반드시 필요하다고 봅니다.

분명한 것은 '웰다잉법'이 죽음에 대한 인식의 변화를 반영하고 있다는 사실입니다. 특히, 죽음을 준비하는 문화가 형성될 것으로 보입니다. 연명치료의 문제 및 호스피스 완화치료의 문제를 넘어 죽음 이후의 절차로서 상조와 장례에 대한 인식의 변화도 불가피할 듯싶습니다.[14]

말하자면, 호스피스 완화치료를 위한 사회적 인식 개선 및 연명치료 중단의 기준과 절차에 대한 논란을 포함하는 웰다잉에 대한 관심이 의료적 · 법률적 영역을 넘어 죽음에 관한 인식의 전환을 이끌고 있습니다.

또 한 가지 확장적으로 제안하고 싶은 것이 있습니다. 웰다잉은 기본적으로 생명윤리의 관심사이지만, 그 안에 머물러서는 안 될 것 같습니다. 생명현상에 대한 바이오 데이터의 문제를 넘어서 삶의 가치와 인간의 실천과제에 대한 이야기로 이어가자는 뜻입니다.

생명의료윤리가 '생명과 죽음'의 조합을 다루는 데서 시작했다면, 죽음의 문제를 삶의 문제와 연관 짓는 노력 또한 필요할 듯합니다. 따라서 '삶과 죽음'의 조합에 대해 생각해 보아야 하겠습니다.

다른 말로 하자면, 웰다잉의 문제를 생명의료윤리의 문제로 국한할 것이 아니라, 생사학으로 연결 지어 확장하자는 이야기입니다. 물론, 출발은 생명의료윤리에 속하는 이슈였던 것이 분명합니다. 웰다잉을 계기로 죽음과 삶의 태도에 관해 성찰하는 데로 나아가자는 뜻입니다.

생사학 혹은 죽음학

대부분의 경우, 웰다잉 개념 자체에 관심을 두거나 웰다잉법에 대해 이야기하는 것만으로 만족하는 경향이 있습니다. 우리는 이 단계를 넘어서 한 걸음 더 나아가고자 합니다.

웰다잉에 대한 이야기에서 우리가 관심을 갖는 것은 죽음에 대한 두려움과의 연관성입니다. 좀 더 구체적으로 말하자면, 이렇게 됩니다. '웰다잉, 죽음의 두려움을 극복하는가?' 혹은 '웰다잉은 죽음의 두려움을 이겨낼 가치를 담고 있는가?'

의료윤리를 다루는 학자들 중에서 생명문화 또는 가치관의 변화에 주목할 것을 제안하는 경우들이 많다는 점은 다행스러워 보입니다. 웰다잉 시대에 삶과 죽음의 이야기를 풀어내기 위한 노력이라는 점에서 의미가 있다고 하겠습니다.

예를 들어, 배틴(M. Battin)은 안락사 문제에 대해 문화적 변화(cultural change)라는 요소를 반영해야 한다고 말합니다. 의료기술의 발전 및 질병 문제 등 다양한 요소를 포괄하자는 뜻인 듯합니다. 생명문화가 변화하는 방향은 질병과 의료기술의 상관관계 및 전쟁을 포함한 인류의 공동체험 등에 따라 진전될 수도 있고 복고적일 수도 있겠습니다.

배틴은 이 점에 착안하여 생명문화의 변화를 다음과 같이 세 가지로 요약하면서 이야기를 풀어갑니다.[15] 첫째는 역학적(疫學的) 전환(epidemiological transition)입니다. 예를 들어, 죽음에 대한 병리적 설명을 생각해봅시다. 이전에는 기생충에 의한 질병이나 감염에 의한 것으로 설명해왔지만, 암이나 심장질환 등 퇴행성 질환에 의한 설명으로 전환되고 있는 것을 우리는 잘 알고 있습니다. 생명현상에 대한 의료적 설명방식에 변화가 감지되는 부분이라 하겠습니다.

둘째, 죽음에 관한 종교적 태도의 변화가 나타나고 있다는 점입니다. 죽음을 죄에 대한 처벌이라고 생각하는 사람이 줄어들고, 자살을 심각한 죄라고 말하기보다 우울증 같은 정신병리적 요인으로 설명하는 경향이 두드러지고 있다고 합니다. 개인적으로 필자는 배턴의 진단에서 이 부분에 관심이 갑니다. 좀 더 정확하게 말하자면, 죽음에서 종교적 의의를 배제하려는 현대인의 경향에 우려가 크다고 할 수 있겠습니다.

그리고 셋째로는 문화적 태도의 변화입니다. 특히 시민사회의 발전과정에 따라 나타난 개인의 권리에 대한 강조가 죽음에도 적용될 수 있다는 생각이 두드러지고 있다는 주장입니다. 예를 들면, '죽을 권리(right to die)'를 강조하는 경향을 두고 말하는 것 같습니다.

배턴에 따르면, 이러한 생명문화의 변화에서 눈여겨볼 것은 죽음에 대한 관점의 변화입니다. 죽음이란 '우리에게 발생하는 그 무엇이 아니라 우리가 시행하는 그 무엇(dying is no longer something that happens to you but something you do)'이라는 생각이 나타나고 있다는 점에 주목하라고 합니다.

이렇게 보면, 앞에서 살펴본 것처럼 안락사 개념이 세분화되는 것 역시 일종의 문화변화 또는 의식변화를 반영하는 듯싶습니다. 삶과 죽음이라는 근본적인 개념의 변화, 또는 생명문화 일반의 변화를 반영하는 것이라 하겠습니다.

배턴의 이야기를 응용적으로 읽어보겠습니다. 웰다잉에 관한 이야기는 생명의료윤리를 넘어서 삶과 죽음에 관한 성찰로 이어져야 한다는 뜻으로 말입니다. 사실, 우리나라 문화에서 웰다잉을 말할 수 있게 된 것 자체가 큰 변화입니다.

죽음에 관한 우리 문화의 배경은 '꺼림'으로 표현될 수 있습니다. 뇌사를 인정하는 것도 꺼려하고 장기기증도 꺼림칙하게 생각하는 결과가 나타나는 이유일 것 같습니다. 한국인이 뇌사자의 장기나 안구이식 문제에서 서양 사람들과 다른 양상을 보이는 것은 한국인의 무의식에 유교적 신체관이 자리 잡고 있다고 주장하는 경우도 있습니다. 뇌사자 장기기증에 관한 추정동의를 내리는 과정에 신체훼손을 꺼려하는 것을 아시아적 가치관에서 효의 덕목으로 표현하는 경우도 여기에 해당할 듯싶습니다.

예를 들어, 한국인이 뇌사에 대해 소극적인 경향을 보이는 것은 '소생 가능성'에 대한 기대가 크게 작용한다고 할 수 있겠습니다. 그리고 뇌의 정지가 아닌 심장과 호흡의 정지를 죽음의 기준으로 보려는 것 역시 이러한 맥락에서 이해할 수 있을 것 같습니다.

한국인이 자신의 신체에 대한 사후 훼손을 꺼려하는 것 역시 유교문화의 영향일 가능성이 큽니다. 유교에서 삶과 죽음을 육신과 영혼의 결합 및 이탈로 규정하고 영혼이 일정 기간 동안 세상에 남아 있다가 소멸된다는 식의 사고방식이 신체 훼손을 꺼려하는 이유일 수 있습니다. 뇌사를 의학적 죽음으로 인정한다고 하지만, 이러한 의학적 죽음은 전통상 례에서 죽음의 인정과 정면으로 배치되는 셈입니다.

《예기(禮記)》는 "3일이 지난 후에 염을 하는 것은 죽은 사람이 살아날 것을 기다리는 것"이라고 말합니다. 숨짐과 탈혼을 확인한 후에도 여전히 죽은 사람이 다시 살아날 수 있다는 미련을 못 버리는 셈입니다. 역설적으로, 이러한 기 대와 기다림 속에서 육체를 구성하는 세포의 부패를 뜻하는 '세포사(細胞死)'를 죽음으로 인정하겠다는 생각이라는 주장 도 있습니다.[16]

그리고 이러한 이야기들을 아우르는 분야를 '생사학(生 死學, thanatology)'이라고 부를 수 있겠습니다. 생사학으로서의 삶과 죽음에 대한 논의는 동서양 모두에서 문화와 종교에 따 라 다양하게 전개되어왔습니다. 오늘날에는 죽음에 대한 성 찰을 통해 죽음을 준비하게 하고, 죽음 교육과 호스피스에 관심을 기울이는 방향으로 이어지고 있습니다.

서양의 경우, 죽음을 직시하고 적극적으로 해석하여 받아들일 수 있는 여건이 형성된 탓에 '죽음준비교육(death studies, death education)'이 중심이 된다고 합니다. 반면에, 동양의 경우는 죽음과 더불어 현재의 삶을 중시하는 생명문화사상

이 나타난다고 하겠습니다.[17]

동서양의 경우를 막론하고, 분명한 것이 있습니다. 모두가 죽는다는 사실을 인식하고 죽음의 두려움을 극복하자는 것이 죽음학의 본질이라는 점 말입니다. 죽음을 별개의 과정으로 말하지 않고 삶의 일부로 인식하며, 일상에서의 삶의 가치를 재확인하자는 취지라고 풀어낼 수 있겠습니다.

생각해보면, 의생명과학기술의 발전과 더불어 새로운 죽음 처리 방식과 자살이나 안락사 등 죽음에 대한 윤리적 문제가 제기되었고 삶과 죽음의 물화, 양화, 타자화 등 비극적 자화상에 대한 자각운동으로 자리를 잡아왔습니다.[18] 이러한 정황에서 죽음과 삶 사이의 긴장을 유지하는 방식으로, 혹은 죽음이 삶에 거는 시비를 진지하게 성찰함으로써 의미 있는 삶을 살도록 일깨워주는 노력이 필요해 보입니다.[19]

이러한 생사학에 대한 관심은 노령기에만 해당하지 않고 청년기와도 밀접합니다. 자살, 인공임신중절, 장기이식 등이 청년기와 밀접하게 연관되고 있기 때문입니다. 예를 들어, 청년들 중에서 사고나 질병으로 입원한 경험이 있는 경우 죽음에 대해 정서적으로 불안해하거나 죽음과 관련된 주제들을 기피하는 현상이 나타나기도 합니다. 아마도 청년들이 질병과 사고의 경험을 겪으면서 죽음을 추상적으로 생각하기보다

구체적으로 생각하는 경향을 보이고 있는 듯합니다.[20]

이 모든 이야기를 관통하는 중요한 주제가 있습니다. 바로 웰다잉에 대한 인식입니다. 웰다잉은 생명의료윤리의 주제인 동시에 생사학의 관심사입니다. 웰다잉을 통해 생명과 죽음의 문제는 물론이고, 생사학이 말하는 삶과 죽음의 가치에 대한 성찰까지 아우르는 인문학적 관심이 필요한 때라고 하겠습니다.

웰다잉, 죽음의 두려움을 극복하는가?

이제 본격적인 질문으로 돌아가봅시다. '웰다잉, 죽음의 두려움을 극복하는가?' 웰다잉이 죽음의 두려움을 극복할 대안일 수 있는지를 묻고 싶습니다. 웰다잉을 어떻게 보느냐에 따라 답이 달라질 수 있겠지만, 딱히 단정을 짓기는 모호해 보이는 요소들이 있습니다.

앞에서도 살펴보았지만, 연명의료라는 것은 말기환자 혹은 임종단계의 환자에 대한 심폐소생술, 인공호흡기, 혈액투석, 그리고 항암제 투여 등을 말합니다. 웰다잉이란 이러한 연명의료를 중단하는 것을 뜻합니다. 우리나라의 경우는 수분과 영양공급을 중단해서는 안 된다고 규정하고 있습니다.

정말 중요한 문제는 어떤 배경과 관점에서 연명의료 중단을 결정하는가 하는 점입니다. 연명의료 중단을 결정하는 배경요인과 그것으로 인한 죽음에 대한 태도를 어떤 관점에서 설명할 것인가 하는 점이 핵심이라 하겠습니다.

웰다잉을 결정하고 정해진 의료기관에 동의서를 제출한 결정 자체가 죽음에 대해 의연해지는 것이라고 할 수 있기는 합니다. 죽음을 받아들이고 죽음 앞에 의연해진다는 것 자체로 큰 의의가 있음은 두말할 필요도 없습니다. 본인의 결단에 의해 자율성 존중의 원칙을 적용하여 죽음을 받아들일 준비가 되어 있다는 뜻을 보여주는 것이기 때문입니다.

하지만 웰다잉을 서약한 것만으로는 죽음의 두려움을 극복한 것이라고 말하기 어렵습니다. 죽음의 방식을 결정한 것이라는 점은 분명하지만, 죽는 순간의 두려움을 포함하여 죽음 그 자체에 대한 두려움을 이겨낸 것이라고 말하는 것은 섣부른 판단일 수 있습니다. 더구나 웰다잉 결정을 철회할 기회도 열려 있습니다.

굳이 생각하고 싶지는 않으나, 웰다잉 서약을 했다고 해서 반드시 병실에서 죽음을 맞이하게 되리라고는 단정할 수 없습니다. 교통사고를 비롯하여 최악의 경우들을 배제할 수 없습니다. 죽음이라는 것 자체가 연명의료의향서에 서명한 대로, 내가 계획한 그대로 되는 것만은 아니라는 뜻입니다.

어느 보험회사 광고 카피에 '무병장수(無病長壽)'를 '유병장수(有病長壽)'로 응용했던 부분을 기억할 것입니다. 100세 시대를 맞이하여 재미있는 표현일 듯싶습니다. 그러나 놓치지 말아야 할 것이 있습니다. 이른바 지병(持病, chronic disease)이나 숙환(宿患)에 의해 병원신세를 지고 결국에는 말기환자가 되어 웰다잉을 말하게 되는 정황만 있는 것은 아닙니다. 어찌 보면 그것도 꽤나 희망적인 상황일 수 있다는 점이 안타까울 따름입니다. 그것이 죽음을 맞이해야 하는 우리 삶의 현실이지요.

요컨대 웰다잉의 결정보다 더 중요한 것이 있습니다. 죽음에 대한 본질적 태도의 문제가 남아 있는 셈입니다. 만일, 임종단계라는 이유만으로 포기하는 마음에서 연명의료를 중단하는 것이라면 그것을 두고 과연 죽음의 두려움을 이겨낸 것이라고 할 수 있을지는 확신하기 어렵습니다.

웰다잉 결정 자체를 가볍게 보려는 것이 아닙니다. 죽음에 대한 분명한 관점을 가지고 웰다잉을 결정하는 것과는 차이가 있다는 뜻입니다. 부활 소망의 신앙을 가지고 웰다잉을 결정하는 경우, 그리고 드라마 대사에 단골로 나오는 '현대의학'의 한계 때문에 웰다잉을 결정하는 경우, 이 둘은 결코 같은 것이라 할 수 없습니다. 웰다잉을 두고 수동적으로 떠밀려 결정할 것인가, 혹은 죽음에 대한 분명한 가치관을 가지고 결정할 것인가의 문제에 주목하자는 뜻입니다.

이것을 설명하기 위해 앞 절에서 배틴이 말했던 내용을 기억해봅시다. 현대인에게 죽음이란 '우리에게 발생하는 그 무엇이 아니라 우리가 시행하는 그 무엇'이라고 인식되고 있다고 했던 부분은 특히 중요한 의미가 있습니다.

응용해봅시다. 웰다잉이 담아내고 있는 정신은 기본적으로 우리가 시행하는 그 무엇으로서의 죽음을 시행하는 방식에 관한 것입니다. 말하자면, 연명의료를 중단하겠다는 뜻을 피력한 것이라는 점에서 죽음의 방식을 웰다잉으로 선택한 것이라 하겠습니다. 그리고 이러한 결정이 호스피스라는 통로를 거쳐 죽음에 이르겠다는 선택으로 확장되기를 기대하는 것이 웰다잉법의 취지에 가깝습니다.

배틴의 관점을 적용해보면, 웰다잉 자체는 죽음의 수용을 전제로 죽음에 이르는 방식에 대한 결정이라 할 수 있습니다. 말기환자의 경우에 요구되는 POLST는 이미 죽음이 예견된 상황에서 죽음의 방식을 연명의료 중단으로 선택한 것을 뜻합니다. 일반 성인의 경우 AD를 작성한다는 것은 장차 마주할 죽음의 정황에 대한 예견을 통해 죽음의 방식을 결정하는 것이라고 할 수 있습니다.

이처럼 웰다잉을 죽음의 방식에 대한 결정이라고 할 수 있다면, 웰다잉이 적극적 의미에서 죽음의 두려움을 극복할 대안이 되기 위해서는 웰다잉의 결정에서 삶과 죽음에 대한 가치관부터 분명해야 할 것 같습니다.

이 부분에서 종교의 역할이 무엇보다 중요합니다. 앞서 배틴의 진단과 관련하여 필자가 적극적 관심이 필요하다고 말했던 주제가 바로 이것입니다. 종교는 죽음의 공포를 극복하게 해주는 사회적 기능을 수행한다고 할 수 있기 때문입니다. 종교는 죽음에 대한 태도를 형성시키고, 나아가 어쩔 수 없는 상황에서의 죽음을 결정하는 데 있어서도 큰 역할을 합니다. 이러한 뜻에서 종교와 죽음의 두려움 사이에 통계적으로 매우 강한 상관관계가 있다는 주장은 무척 설득력이 있어 보입니다.[21]

하지만 그리 간단한 문제는 아닙니다. 종교와 관련한 연구는 종교 유형마다 교리적 차이가 발생하기 때문에 단순히 종교 유무만으로 종교가 연명의료 중단에 어떠한 영향을 미치는 것인지 단언하기 어렵습니다. 즉, 종교성의 정도와 종교 유형에 따라 서로 다른 결과를 가져올 수 있기 때문에 종교 유형과 종교성을 고려해야 한다는 뜻입니다.[22]

이 부분에서 기독교에 대한 기대가 큽니다. 기독교에서 말하는 죽음의 문제는 부활 소망의 신앙 안에서 완성되며 종말론적 신앙을 요청한다는 사실이 중요합니다. 기독교가 삶과 죽음의 문제를 아우르는 본래적 관점으로서 부활 소망의 신앙을 지니고 있다는 점에서 우리의 관심을 끌기에 충분해 보입니다.

현실적으로 기독교의 도덕성에 대한 부정적인 인식이 늘어나고 있는 정황이 보이지만, 기독교가 본래적으로 수행해야 할 책무 자체는 중요합니다. 사회학자들이 말하는 것처럼 종교에는 삶과 죽음에 관한 가치체계를 제시해야 할 기능과 책무가 있기 때문입니다.

웰다잉 시대에 기독교는 웰다잉 개념 자체에 대한 충분한 이해를 바탕으로 웰다잉의 복음적 의의를 제시해야 할 책무를 소홀히 해서는 안 된다는 이야기를 하고 싶습니다. 웰다잉이 어떤 의미에서 기독교 친화적인지 살펴보아야 하고, 웰다잉에 관한 복음적 통찰을 제시해야 한다는 뜻입니다.

웰다잉을 말하는 것만으로 기독교가 앞서 나가게 되리라고 착각해서는 안 됩니다. 웰다잉 지도사 자격증을 따라고 말하는 것이 기독교의 본질적 책무도 아닙니다. 사전연명의료의향서를 작성하는 것만으로도 의미가 있지만, 그것이 전부라고 할 수도 없습니다.

우리의 본질적인 문제는 이것입니다. 웰다잉, 과연 죽음의 두려움을 극복하는가? 이제까지 살펴본 것처럼 웰다잉을 결정하는 것 자체가 죽음의 문제에 있어서 용감한 일이기는 합니다. 하지만 그것이 곧 죽음의 두려움을 극복할 대안이라고 단정할 수는 없습니다. 웰다잉을 결정하기 전에 삶과 죽음에 대한 바른 이해가 더 중요하다는 뜻입니다.

이러한 뜻에서, 이 책을 통해 우리는 죽음의 두려움이라는 문제를 풀어내고자 기독교 인문학자였던 아우구스티누스의 도움을 받고자 합니다. 그가 웰다잉 그 이상의 요소들이 있음을 말해주리라 기대되기 때문입니다. 특히, 부활 소망의 신앙을 바탕으로 웰다잉을 결정하는 노력의 중요성에 대한 의미 있는 통찰을 얻을 수 있을 것 같습니다.

물론, 웰다잉이라는 것 자체가 아우구스티누스가 살던 시대에는 상상조차 할 수 없던 일입니다. 그럼에도 불구하고 그가 죽음과 삶의 문제를 통찰했다는 사실이 중요합니다. 기독교 고전을 통해 오늘을 위한 통찰을 찾아내는 노력의 중요성은 아무리 강조해도 지나치지 않기 때문입니다.

죽음의 시비에 당당하게 살고 있는가?

죽음의 두려움, 성찰하게 하다

한 가지, 굳이 아우구스티누스에게 주목하는 이유가 무엇인지 질문할 수 있겠습니다. 사도 바울의 경우도 있고 초대교회의 지도자들과 교부들의 경우도 생각해볼 수 있을 텐데 굳이 아우구스티누스에게 주목하는 데는 몇 가지 이유가 있습니다. 그가 이 문제를 인문학적 관점에서 중요하게 다루었고, 《설교집(Sermones)》을 비롯한 저술들에 이 문제에 대한 생각들을 담아두었기 때문입니다.

정말 중요한 이유는 아우구스티누스가 은혜의 신학에 기초하여 죽음의 두려움에 관한 바른 이해의 통로를 마련했다는 점입니다. 죽음의 두려움을 다루는 여러 관점 중에서 기독교는 부활 소망의 신앙을 바탕으로 죽음에 대한 인식과 삶에 대한 성찰, 그리고 죽음 이후의 삶에 대해 이야기하는 특징이 있습니다.

아우구스티누스는 이 문제에 대한 중요한 기초를 바르게 세워준 인물이라고 할 수 있습니다. 이 점이 중요하다고 하겠습니다. 아우구스티누스의 인문학은 내적 성찰을 중요하게 여깁니다. 죽음의 두려움에 관한 이야기에서도 마찬가지입니다. 죽음에 대해 성찰하게 한다는 점이 중요합니다.

내적 성찰의 중요성을 상실하고 있는 현대인에게 좋은 가이드가 될 듯싶습니다. 덧붙여서, 좀 더 솔직한 이유로는 아우구스티누스를 전공한 필자의 관심 때문이라고 하는 것이 맞을 듯합니다.

아우구스티누스에게서 죽음의 두려움은 자신의 삶을 바로잡아주는 신앙적·도덕적 촉매였으며, 자신을 성찰하도록 이끌어주는 원동력이었습니다. 예를 들어, 그의 명저로 오랫동안 사랑을 받아온 《고백록(Confessiones)》에는 아우구스티누스가 주변 사람들의 죽음을 마주하면서 어떤 생각을 했는지 엿볼 수 있는 기록들이 있습니다.

제4권에서[23] 아우구스티누스는 카르타고에서의 유학생활을 잠시 접고 고향 타가스테에 돌아왔습니다. 안타깝게도 마니교에 빠져 있던 시절이었습니다. 고향에 머물면서 수사학을 가르치던 아우구스티누스는 동갑내기 친구의 죽음을 마주해야 했습니다.

아우구스티누스는 깊은 슬픔에 빠져서 우울감을 이겨내기 위해 고향을 떠나고 맙니다. 당시 아우구스티누스에게 죽음은 슬픔의 심연 그 자체였고, 죽음의 슬픔으로부터 도피하려는 생각으로 가득했던 것 같습니다. 죽음은 아우구스티누스에게 큰 슬픔이자 충격이었으며 두려운 대상이었습니다.

제9권에는 두 가지 경우가 나옵니다.[24] 신앙의 친구였던 베레쿤두스의 죽음, 그리고 아우구스티누스의 어머니 모니카의 죽음입니다. 회심하여 세례를 받은 후의 일이지요. 친구의 죽음에 관해서 아우구스티누스의 태도에 변화가 나타납니다. 아우구스티누스는 친구가 죽기 전에 세례를 받았다는 사실에 감격합니다. 그리고 친구가 아브라함의 품에 거하며 영원한 생명의 샘을 마시고 있을 것이라고 말합니다.

둘 다 친구의 죽음이지만, 슬픔을 이기지 못했던 제4권의 경우와는 크게 달라진 모습입니다. 신앙 안에서 죽음을 이해하고 죽음에 대한 성경적 가르침에 충실해지고 있는 아우구스티누스를 볼 수 있다는 점이 특징이라 하겠습니다.

얼마 지나지 않아서 더 슬픈 이야기가 나옵니다. 아우구스티누스를 극진히 사랑했고 자신이 신앙의 모범으로 따르던 어머니 모니카의 죽음을 마주한 경우입니다. 로마에서 고향으로 돌아가기 위해 오스티아 항구에서 약간의 정황 탓에 상당 기간 배편을 기다리던 중이었습니다.

아우구스티누스는 이곳에서 어머니와 함께 깊은 기도 중에 신비를 체험했을 정도로 깊은 신앙의 단계에 이르고 있었기에 애틋함과 슬픔이 더욱 컸습니다. 아우구스티누스는 어머니 모니카의 죽음을 맞았음에도 울지 않았다고 합니다.

슬프지 않아서라기보다 천국에 가셨을 어머니를 기억하며 기도하는 모습으로 기록되고 있습니다. 죽음에 관해 성경과 신앙 안에서 성숙한 아우구스티누스를 볼 수 있습니다.

그 외의 경우들도 더 생각해볼 수 있겠지만, 《고백록》에 나타난 죽음에 대한 이야기들은 아우구스티누스에게 죽음이란 무엇인가를 말해주는 단서가 됩니다. 죽음이라는 현실을 마주하면서 죽음에 대한 성찰을 통해 삶을 자성하는 아우구스티누스의 모습을 볼 수 있다는 뜻입니다.

죽음이란 모두에게 찾아오는 불가피한 사건이지만, 아우구스티누스는 그것을 지극히 자연스러운 일이라고 넘어가지 않았습니다. 죽음을 성찰의 계기로 삼아 자신을 되돌아보았다는 점이 중요합니다. 죽음을 피할 수 없는 인간에게서 바람직한 삶의 과제는 무엇인가를 성찰했다는 뜻입니다.

죽음의 두려움, 삶을 바로잡다

앞서 소개한 경우들이 타인의 죽음에 관한 경험이었다면, 아우구스티누스 자신이 사경을 헤맨 일들도 있습니다.

사실, 우리가 경험하는 죽음은 타인의 죽음입니다. 우리 자신의 죽음은 아직 오지 않았다는 점에서 중요한 성찰의 계기가 됩니다.

사실, 우리 자신이 죽음의 문턱에 다녀왔다는 이야기를 하는 경우도 있습니다. 그만큼 위험천만했다는 뜻이겠지만, 죽음을 떠올릴 만큼 극단적으로 위험한 상황을 마주하는 경우들이 있습니다. 아우구스티누스의 경우에는 그 자신이 또렷하게 기억하는 두 가지 사건이 있었습니다.

어린 시절, 그는 병에 걸려 죽을 지경에 이르렀지만 신비하게도 병이 나았습니다. 그리고 아우구스티누스가 출세를 하기 위해 로마에 진출했을 때, 한 번 더 병으로 죽을 고비를 맞이합니다. 아우구스티누스는 두 경우를 모두 하나님께서 살려주신 사건이었다고 기록하고 있습니다.

흥미로운 것은 아우구스티누스가 회심하기 전에 자신이 이렇게 죄만 짓다가 죽게 되는 것은 아닐지 두려워하고 고민하는 장면입니다.[25] 제6권에서 쾌락에 탐닉하던 자신의 모습을 떠올리며 죽음의 심판에 대한 두려움을 말합니다. 심지어 회심을 앞둔 시점에서도 쾌락을 벗어버리지 못한 상태에서 유사한 고민을 합니다. 한마디로 '이렇게 쾌락을 좇아 살다가 회심도 못하고 죽는 게 아닐까?' 하는 조바심이 들었던 것이라 하겠습니다.

아우구스티누스는 타인의 삶에 대한 경험과 자신의 위험천만했던 경험이라는 두 경우를 통하여 죽음에 대해 성찰하고 삶을 되돌아보는 기회로 삼았습니다. 죽음을 멀리 있는 문제 혹은 다른 사람의 문제로 생각하지 않고 자신의 문제로 인식하는 순간부터 삶에 대한 태도가 달라지기 시작했다고 할 수 있습니다.

아우구스티누스의 경우에서 놓치지 말아야 할 교훈이 있습니다. 죽음이란 독립된 별도의 사건이 아니라는 점, 남의 이야기가 아니라는 점, 그리고 죽음에 대한 성찰을 오늘의 삶을 자성하는 기회로 삼아야 한다는 점이 중요합니다.

예를 들어, 《고백록》의 여러 사례를 통해 아우구스티누스가 죽음의 문제를 삶에서 결코 생략하지 않았으며 삶을 위한 의미로 받아들였다는 사실에 유의하는 것이 좋겠습니다. 특히, 삶과 죽음을 별개의 것으로 말하기보다 서로 얽혀 있다는 관점에서 읽을 필요가 있다는 뜻입니다.[26]

우리가 아우구스티누스의 관점에 주목하는 이유 중 하나가 여기에 있습니다. 죽음을 경험하기는 모두에게 마찬가지일 것 같습니다. 대부분은 자신의 죽음이 아닌 타인의 죽음이라는 공통점이 있습니다. 가족 어르신의 죽음, 혹은 친한 사람의 죽음, 그리고 공동체 구성원의 죽음 등 대부분의 경우 나 아닌 다른 사람의 죽음을 경험하게 됩니다. 문제는 과연 그러한 경험들을 어떻게 대할 것인가 하는 점입니다.

단지 슬프고 두려운 일이라고만 생각하는 것으로는 부족합니다. 죽음이란 무엇이며 삶이란 어떤 것이어야 하는가에 대한 생각으로 이어져야 한다는 뜻입니다. 이것을 '인문학적 성찰'이라는 용어로 설명하자면, 삶과 죽음에 관한 통찰을 가지는 사람이 되어야 한다는 이야기로 확장시킬 수 있겠습니다. 죽음이 지니는 의미와 삶에 주는 교훈, 그리고 삶과 죽음을 아우르는 가치관에 대해 성찰할 필요가 있다는 뜻입니다.

생각해보면, 죽음을 바라보는 현대인의 관점에는 심리학 혹은 의료적 요인이 크게 작용하는 경향이 있으며 죽음의 종교적이고 도덕적인 의미가 희석되고 있습니다. 생명과 죽음, 삶과 죽음에 대한 생각이 내적 성찰의 대상으로 다루어지지 않고 계량화된 바이오 데이터 문제로 환원될 수 있는 것이라는 생각이 많은 것 같습니다. 삶의 의미에 대한 반추와 죽음을 대하는 태도에 대한 내적 성찰의 자리를 잃고 있는 셈입니다.

이러한 경향을 극복하기 위해서라도 죽음에 관한 인문

학적 성찰과 윤리학적 관심이 절실합니다.[27] 아우구스티누스
의 관점은 이러한 의미에서 중요한 고전일 수 있습니다. 죽
음을 인식하며 사는 삶의 중요성을 일깨워준다는 점에서 말
입니다.

죽음의
두려움,
멘탈이
약해서일까?

죽음의 두려움, 멘탈 문제일까?

《고백록》외에 아우구스티누스의 저술 중에서 생각해볼 수 있는 것은 《설교집》입니다. 물론 그의 설교 전체가 죽음의 두려움을 다루는 것은 아닙니다. 죽음의 두려움에 관련된 설교들을 중심으로 요점을 간추려볼 수 있다는 뜻입니다.

크게 세 가지를 생각해볼 수 있겠습니다. ① 죽음에 대한 두려움을 가지는 것 자체는 보편적인 특징 혹은 '순리(順理)'라고 할 수 있다는 점입니다. 이것은 보편적 현상으로서 죽음의 두려움을 어떻게 대할 것인가의 문제, 즉 태도의 문제가 중요하다는 점을 말해줍니다. ② 죽음의 두려움에 대하여 '순교(殉敎)'의 신앙을 본받도록 교훈합니다. 그리고 ③ '순례(巡禮)'의 윤리를 강조합니다.

순교자들의 신앙을 따라 순례자로 살아야 한다는 설교들이 그렇습니다. 이것을 순례의 가치관 혹은 순례자의 윤리라고 할 수 있습니다. 의도하지는 않았지만, 일종의 '라임' 비슷한 것이 만들어집니다. 순리, 순교, 순례 등 '순'으로 시작하는 우리말 단어들에 주목하면 좋겠습니다.

죽음의 두려움에 대한 이해에서 아우구스티누스의 첫걸음은 그것이 보편적이고 자연스러운 현상이라고 말하는 과정입니다. 죽음의 두려움이라는 현상 자체를 중립화시켜 말하는 것이라 할 수 있겠습니다. 누구나 죽게 마련이고(man is mortal), 죽음에 대해 두려워하는 것 자체는 모두에게 공통된 일이라는 뜻입니다.

사실, 죽음에 대해 꺼려하고 무겁게 받아들이며 두려움을 가지는 것은 지극히 보편적입니다. 잘은 모르겠지만, 정신적으로 건강한 표징이라고 할 수 있을 것 같습니다. 우울감이나 무기력에 의해 죽음을 두려워하지 않는 것을 두고 건강하다고 말하기 어려운 것과 같은 이치입니다.

아우구스티누스가 죽음의 두려움을 보편적이고 자연스러운 것이라고 말하는 것은 스토아 철학자들 및 그 후계자를 자처한 펠라기우스의 관점을 넘어서는 중요한 의미를 지닙니다. 현자가 되어 죽음의 두려움 자체가 없다는 식으로 위선을 부릴 것이 아니라, 죽음에 대한 성찰을 통해 어떤 삶을 살 것인가에 집중해야 한다는 이야기를 하는 것이니 말입니다.

먼저, 아우구스티누스는 인간이 육체 속에 존재하기 시작했다는 것만으로도 이미 죽음 속에 있다고 말합니다.[28] 그리고 중요한 것은 인간이 죽음에 대한 두려움을 가지는 것은 자연적이고 보편적인 것이라는 사실입니다.

죽음이 있다는 것이 분명한 것만큼이나 죽음에 대한 두려움을 가지는 것 자체는 인간에게 일종의 '순리'이자 '팩트'라고 할 수 있겠습니다. 아우구스티누스가 죽음의 두려움을 이해할 만한 것이라고 말했던 이유입니다. 죽음의 두려움을 어떻게 대하고 극복할 것인가 하는 점이 더 큰 문제라는 뜻입니다.

아우구스티누스에 따르면, 내세를 부정하는 사람들은 이 세상에서의 삶에 어떻게든 집착하게 마련입니다. 더구나 내세가 있는지 확신하지 못하거나, 혹은 죽음 이후 심판이 있는지 여부에 대해 의구심을 갖거나, 과연 죽음으로 모든 것이 끝나는 것일지 의문을 품는 사람들조차 죽음을 두려워합니다.

심지어 내세를 믿는 사람들도 죽음을 연기하고 현세의 삶을 연장하고 싶어 합니다.[29] 아우구스티누스는 이러한 두려움을 모든 피조물이 느끼는 보편적인 두려움이라고 설명합니다. 그리고 이것은 아담에게서 비롯되어 우리 모두가 살아남기를 바라는 자연적 동경에서 생겨난 것이라고 설명합니다.[30] 스토아학파의 위선을 넘어서는 더 중요한 의의를 찾아야 한다는 취지라고 할 수 있습니다.

아우구스티누스는 이 문제에 관하여 기독교의 기존 관

점들을 수용하면서도 마니교 논쟁, 도나투스 논쟁, 그리고 펠라기우스 논쟁 등을 거치면서 삶과 죽음에 관한 통찰로 심화시켜갑니다. 아우구스티누스의 사상 발전에서 어떤 단계에 어떤 내용으로 전개되었는지 명확하게 구분 짓기란 쉽지 않지만, 피츠제럴드(Allan D. Fitzgerald)의 관점을 중심으로 큰 흐름을 개괄하여 정리할 수는 있겠습니다.[31]

아우구스티누스는 당시 교회 지도자들이 지닌 관점을 수용하면서도 점차 신학적 조망을 심화시켜나가면서 이 문제에 대한 통전적 관점을 세워갑니다. 마니교를 신봉하던 시절, 아우구스티누스는 죽음이란 육체로부터 해방되는 것이라는 뜻에서 선한 것이라고 착각하고 있었습니다. 이 문제에 대해서는 그가 회심한 후에 확실한 답을 찾게 됩니다.

또한, 신플라톤주의의 영향을 받았던 시기에 아우구스티누스는 죽음을 '끝'이라고 오해하고 있었습니다. 예를 들어, 아우구스티누스가 죽음이 일생 동안 지녀온 지혜 및 동료들과의 기쁨을 박탈해가는 것은 아닐지 두려워했던 것도 같은 맥락이었습니다. 그의 초기 저작에도 이러한 두려움의 흔적이 나타납니다.

세 가지에 대해 마음이 흔들릴 수 있습니다. 사랑하

는 이들을 잃을까 하는 두려움, 고통에 대한 두려움, 그
리고 죽음에 대한 두려움입니다.[32]

이러한 기록을 남긴 것을 보면, 죽음의 두려움은 회심
이전부터 아우구스티누스의 지속적인 관심거리였으며 회심
이후에도 중요한 문제의식이었다고 하겠습니다. 회심 이전
에는 마니교와 플라톤철학에서 말하는 각각의 논제와 더불
어 삶과 죽음에 대한 인식 역시 그들의 관점을 답습했다는
점이 문제였습니다.

중요한 것은 아우구스티누스가 회심 이전과 이후에 죽
음의 두려움이라는 문제에 지속적으로 관심을 가졌을 뿐 아
니라 가볍게 다루지 않았다는 점입니다. 달라진 점은 회심
후 아우구스티누스가 이 문제를 복음에 입각하여 심화시켜
나갔다는 사실입니다.

회심 후에 아우구스티누스는 마니교의 이원론을 강력
하게 반대합니다. 특히, 죽음의 두려움에 대한 생각에서도
마니교의 관점을 반대하고 극복합니다. 마니교에서 말하는
것처럼 육체가 문제가 아니라 아담의 죄가 육체를 타락시켰
다는 성경의 관점에 입각하여 답을 찾아갑니다.

아우구스티누스는 죽음은 선이 아니며 죽음에 대한 두려

움은 인간의 타락한 본성의 전형적인 상징이라는 답을 찾아냅니다. 또한 초기 기독교의 일부 지도자가 육체를 비하했던 것과 달리, 아우구스티누스는 죽음이란 죄에 대한 심판이며 죽음의 두려움은 타락한 인간본성의 상징이라고 주장합니다.

이렇게 마니교를 극복한 후에도 아우구스티누스는 신플라톤학파의 견해와 더불어 스토아철학의 흔적을 일부 가지고 있었습니다. 인간은 본성적으로 살아남기를 원하고 죽음을 피하고자 하는 자연적 욕구를 갖고 있다는 생각이 그렇습니다. 또한 죽음의 두려움에서 벗어나기 위해 하나님께서 주시는 지혜를 소유한 참된 현자가 되어야 한다고 말했던 부분 역시 스토아학파의 영향을 받은 흔적입니다.[33]

이것으로 미루어볼 때, 아마도 아우구스티누스가 마니교에 대한 극복과 더불어 삶과 죽음의 문제에 관한 기독교적 성찰을 위하여 극복해나가야 할 요소들이 결코 간단하지 않았다는 사실을 짐작해볼 수 있겠습니다.

신플라톤학파가 육체를 문제시했던 것과 관련하여 아우구스티누스는 회심 후 기독교의 관점에서 플라톤의 철학과 다른 답을 제시합니다. 영혼과 육신 모두의 창조주는 동일한 분이시라고 말합니다. 그리고 창조주께서 인간을 창조하실 때 영혼과 육체라는 두 요소를 만드시고 결합하시면서 육체는 영혼에게, 그리고 영혼은 하나님께 복종하도록 질서 지으셨다고 말합니다.

육체 때문에 죽게 되는 것이 아니라는 뜻이며, 죽음을 죄의 문제와 연결 지으려는 관점입니다. 이는 죽음이 죄의 삯이라는 바울의 관점을 적극 수용함으로써 죽음에 관한 고전철학의 관점에서 벗어나고 있음을 말해줍니다. 마니교를 극복한 것일 뿐만 아니라, 그 이전에 접했고 회심에 영향을 주었던 플라톤주의도 극복해가고 있었다는 것을 알 수 있습니다.

죽음의 두려움, 은혜로 이겨야

아우구스티누스는 회심하여 마니교와 플라톤주의를 극복하고 기독교 지도자가 되는 과정에서 그 당시 기독교의 전통을 수용합니다. 초대교회 시기에도 그렇고, 로마가 자행한 박해와 순교의 시기를 겪으면서 교회로서는 강인한 신앙을 강조하지 않을 수 없었으리라고 추정됩니다.

아우구스티누스 이전까지 교회는 죽음의 두려움을 이

기는 것을 영혼불멸과 부활에 대한 기독교신앙의 핵심요소로 간주했습니다. 그리고 부활이란 박해 속에서도 신앙을 따라 살아간 자들에게 주어지는 보상이라고 여겼습니다. 따라서 죽음의 두려움을 갖는다는 것은 신앙인의 믿음이 약한 탓이므로 각자의 신앙을 영웅의 수준으로 강화시켜야 한다는 것이 그 당시의 주도적인 관점이었습니다.

물론, 가장 이상적인 것은 죽음을 두려워하지 않는 그리스도인이 되는 것이었습니다. 하지만 아우구스티누스가 보기에 죽음의 두려움을 가진다는 것 자체는 지극히 자연적이고 보편적인 반응입니다. 더구나 죄로 인해 타락한 인간본성의 상징이라고 할 수 있습니다. 강력한 내공을 가진 신앙만으로 죽음의 두려움을 이겨낼 수 있으리라고 생각하는 단계를 넘어서야 한다는 취지입니다. 이른바 초월적 은혜를 힘입어야 한다는 뜻입니다.

이러한 의미에서 아우구스티누스는 죽음의 두려움이란 강인한 정신력으로 극복해야 할 대상이라기보다는 인간실존의 '이해할 만한(understandable)' 요소라고 보았습니다.[36] 이는 아우구스티누스가 죽음의 두려움을 당연시한 것이 아니라 은혜의 중요성과 필요성을 강조했다는 사실을 말해줍니다.

아우구스티누스는 베드로가 죽음이 두려워서 그리스도

를 세 번이나 부인했던 예를 들면서 인간의 영혼이 육체와의 결합을 넘어서 은혜에 의해 성령께 결합되어야만 죽음의 두려움을 이길 수 있다고 강조하기도 합니다.

이후에 아우구스티누스는 도나투스 논쟁에서 죽음의 문제 중에서 특히 그리스도인의 죽음에 관련된 현실적인 문제들을 접하게 됩니다. 도나투스주의자들이 박해의 고통에서 목숨을 부지하는 것을 비난하면서 결연하게 순교해야 한다고 주장한 것은 교회의 지도자로서 아우구스티누스에게 중요한 도전이었습니다.

아우구스티누스가 보기에 도나투스주의에서 말하는 순교는 참된 신앙을 위한 것이 아니라 자신의 영광을 위한 것에 지나지 않았습니다. 그들의 광기는 심지어 박해받는 순간의 자살을 칭송하기까지 했지만, 아우구스티누스는 그리스도인의 자살 자체를 반대합니다. 그것은 어둠의 영에 지배당하는 것일 뿐이기 때문입니다.[35]

아우구스티누스의 관점은 펠라기우스 논쟁을 통해 더욱 정교해집니다.[36] 펠라기우스는 죽음이란 죄의 벌이 아니라 인간이 지닌 본성적 한계에 의한 자연스러운 결과일 뿐이라고 주장했습니다. 펠라기우스를 반박하면서 아우구스티누스가 특히 주목한 것은 죽음의 두려움을 이길 은혜의 필요성입니다.

아우구스티누스는 펠라기우스가 지닌 스토아적 요소들과 그릇된 은혜관을 정조준하면서 죽음의 두려움 자체가 타락한 인간의 연약함(infirmitas)을 말해주는 표식이라고 강조합니다. 그리고 인간이 죽을 수밖에 없는 존재가 되어 '사멸성(mortalitas)'을 지니고 있다는 사실 자체가 죄의 값으로 주어진 연약함 중에서 가장 큰 증거라고 주장합니다.

생각해보면, 그리스도께서 죽음을 이기셨으므로 그리스도인이 죽음의 두려움을 가질 필요가 없다는 것이 이상적입니다.[37] 하지만 그리스도인은 펠라기우스의 주장처럼 완전한 의인이 아닙니다. 인간은 여전히 연약함의 표현인 죽음의 두려움을 지니고 있으며, 이러한 연약함에서 그 누구도 예외가 아니라는 것이 아우구스티누스의 관점입니다.[38]

아우구스티누스는 이러한 논쟁 과정들을 통해 죽음의 두려움에 관한 고전철학의 관점들과 결별하고 초기 기독교 사상을 심화 발전시킵니다.[39] 아우구스티누스의 핵심적 차별성은 '은혜'의 중요성을 강조한 데 있습니다. 죽음의 두려움 때문에 그리스도를 부인했던 베드로가 성령에 의해 변화된 것처럼, 성령께서 주시는 은혜를 구해야 한다는 것이 아우구스티누스가 강조하려는 요점이었습니다.

죽음의
두려움을
이길 만큼
신앙적인가?

죽음의 두려움 vs. '순교'의 신앙

아우구스티누스에게서 'timor mortis'는 '죽음의 인식'에서 '순교의 신앙적 인식'으로 전환됩니다. 아우구스티누스는 죽음의 두려움을 은혜에 의해 극복해야 할 과제로 이끌어가면서 이 주제를 순교의 문제와 연관 짓습니다.

사실, 죽음의 두려움을 언급하는 의도 자체가 순교에 대한 바른 인식과 순교적 삶을 권장하려는 취지였다고 하겠습니다. 이러한 의미에서 아우구스티누스가 'timor mortis'를 말하는 경우는 대부분 순교와 직접적으로 연관되는 경향을 보입니다.

아우구스티누스가 신플라톤주의의 영향을 받은 청년기는 순교에 대해 거의 관심이 없었습니다. 혹은 그 당시 기독교 지도자들의 관점을 답습하는 시기였습니다. 아우구스티누스는 마니교와의 논쟁 시기에 비로소 순교 개념에 대해 관심을 갖기 시작합니다.

특징적인 것은 아우구스티누스가 순교자들을 마치 하나님처럼 경배하던 당시의 경향을 극복하고, 순교자들은 복음의 진리를 위해 헌신한 모범이라고 말하기 시작했다는 점입니다.

아우구스티누스는 유세비우스와 오리겐 등 동방교회 지도자들이 순교를 신격화하려던 것과 달리, 순교자들의 죽음과 그리스도의 죽음이 같은 것일 수 없으며 다만 믿음의 형제들을 위한 피 흘림을 통해 신앙의 모범을 보여준 것이라고 말합니다.

이후 도나투스 논쟁을 겪으면서 아우구스티누스의 순교 개념은 더욱 발전해갑니다. 특히 참된 순교와 거짓 순교를 구분합니다. 죽음의 두려움을 감당해내는 이유가 참된 신앙을 위한 것이 아니라면 의미가 없다는 뜻입니다. 도나투스주의자들처럼 다른 사람들에게 보여주기 위한 순교는 순교라고 할 수 없다는 뜻입니다. 아우구스티누스가 보기에 도나투스주의자들은 박해를 받은 자들이 아니라 교회를 박해한 자들에 지나지 않습니다.[40]

순교와 관련된 펠라기우스 논쟁에서도 아우구스티누스의 관점은 더욱 정교해집니다. 아우구스티누스는 순교자들의 강인한 의지가 중요한 것이 아니라고 봅니다. 하나님께서 순교자들에게 순교를 감당할 수 있는 은혜를 주신 것이야말로 죽음과 순교에 대한 이해에서 무엇보다 중요하다고 보았습니다.

이처럼 순교에 관한 아우구스티누스의 사상적 변화의

궤적을 읽어내는 것도 의미가 있지만, 더 중요한 것이 있습니다. 아우구스티누스에게서 순교에 대한 관심은 목회사역의 중심축에 속하는 중요한 일이었습니다.

아우구스티누스가 살던 시대는 로마의 잔학한 박해가 끝난 시기였기에 순교의 시대는 아니었습니다. 하지만 순교자들의 신앙을 전승하고 그 의미를 승화시키는 것이 중요한 과제로 남아 있었습니다. 아우구스티누스가 순교에 대한 설교를 목회적 책무의 하나로 여긴 이유입니다.

실제로 'timor mortis'는 아우구스티누스의 학술적인 글보다 설교에서 자주 거론됩니다. 대부분의 경우, 'timor mortis'는 《설교집》에서 주로 발견된다는 점에 주목할 필요가 있습니다. 죽음의 두려움과 순교의 문제가 설교의 주제였다는 뜻입니다.

기본적으로, 아우구스티누스의 설교는 그리스도 중심적(Christo-centric)입니다. 그의 설교는 요한복음 서두에 나오는, 육신이 되신 말씀을 항상 중심에 두었습니다.[41] 순교에 대한 설교에서도 다르지 않습니다. 아우구스티누스는 순교에 대한 설교에서 그리스도의 죽음과 부활을 중심에 두고 죽음에 대한 인식을 순교의 신앙 사건으로 전환시킵니다.

'timor mortis'를 중심으로 아우구스티누스의 설교들을 살펴보면, 죽음의 두려움을 '순교'의 가치와 연관 짓는다는 사실을 알 수 있습니다. 예를 들어보겠습니다. 순교자 기념 예배는 죽음에 대한 승리, 사탄에 대한 그리스도의 승리, 그리고 이교도의 억압에 대한 교회의 승리를 선언하는 기회였으며, 설교는 그 회중을 격려하는 통로였습니다.[42]

아우구스티누스는 '순교자들의 생일'이라는 표현을 사용하면서 순교자들이 지상에서의 죽음과 동시에 하늘의 영원한 삶에 들어갔음을 일깨워줍니다. 이것은 설교를 통해 회중이 지니고 있는 죽음에 대한 두려움, 심각한 불안, 그리고 실존적 두려움에 대한 답을 주려는 취지이기도 합니다.

사실, 로마의 박해는 소강상태에 들어갔지만 순교자들을 목격했고 순교의 가치를 전해들은 회중으로서는 죽음의 두려움을 떨쳐내기 어려웠을 것으로 보입니다. 아우구스티누스는 순교자 기념예배를 집례하고 순교자들에 대한 설교를 통해 그들을 위로하고자 했습니다. 죽음의 두려움과 관련하여 위로를 받고 싶었던 회중의 요청에 기독교적 해답을 주려 했던 것이라 하겠습니다.[43]

아우구스티누스는 설교를 통해 순교자들의 승리를 강조합니다. 그리고 순교자들이 순교의 순간 하늘나라에 들어간 것이라고 말하면서 그들이 하늘의 백성이 되었음을 상기

시킵니다. 순교자를 애도할 것이 아니라 빛나는 영광으로 여기라고 말하는 이유가 이것입니다.

또한 아우구스티누스는 순교를 영원한 생명의 계시라고 해석하면서 부활과 불멸의 진리를 강조합니다. 그리고 회중에게 이것을 자신들을 위한 진리로 받아들이도록 설득하는 방식으로 설교하면서[44] 죽음의 두려움을 이길 은혜의 중요성을 강조합니다.

이 과정에서 아우구스티누스는 이전부터 내려오던 개인주의적 영웅으로서의 순교자 인식을 극복하고 변화시켰습니다. 순교자들 역시 연약한 인간이었다는 사실을 강조하면서 그들 또한 죽음에 대한 두려움을 가지고 있었을 뿐 아니라 본래적인 죄인이었다는 사실을 회중에게 상기시켰습니다.

그리고 순교에 관련된 설교들에서 아우구스티누스는 순교자들이 겸손을 통해 하나님의 은혜에 힘입었다는 점을 항상 강조합니다. 이렇게 하는 이유는 순교자들을 신적 존재에 견주려 했던 교회의 전통을 변화시키려 했을 뿐만 아니라, 설교를 듣는 회중에게 순교자들을 본받도록 격려하기 위함이었습니다.[45] 아우구스티누스의 설교에 따르면,

그들은 순교자이지만, 또한 인간이었습니다. 순교자

들의 승리는 어디에서 오는 것입니까? 그들은 육신보다 영혼을 소중히 여겼습니다. 그들은 지상의 삶을 사랑하기는 했지만 그것에 얽매이지 않았습니다. 그들은 사라져가는 현세의 삶이 그토록 사랑스러운 것이라면, 멸망하지 않을 저 삶은 얼마나 더 사랑스러울지 생각했던 사람들입니다.[46]

이러한 설교들에서 중요한 것은 아우구스티누스가 순교자들에 대한 신격화를 극복하도록 이끌고 있다는 점입니다. 그리고 신앙의 영웅으로 인식시켜서 설교를 듣는 보통의 그리스도인에게 순교자들을 본받아 죽음의 두려움을 이기도록 격려하고 위로하려 했다는 점입니다.

순교, 정신력 아닌 은혜의 사건

죽음의 두려움과 영생에 대한 아우구스티누스의 설교들은 그가 쓴 학술적인 글에서보다는 다소간 낙관적인 기조를 보입니다. 그렇다고 그의 신학적 견지와 동떨어진 것은 아니었습니다. 학술적인 글에서도 아우구스티누스가 강조하는 취지는 변함이 없습니다. 예를 들어, 《신국론》에서 아우구스티누스는 순교자들의 이야기를 통해 로마의 영웅들과 기독교 신앙의 영웅으로서 순교자들 사이에 결정적 차이가 있음을 강조합니다.

구체적으로 예를 들어보겠습니다. 죽음 앞에서 용맹스러웠다는 공통점이 있지만, '인간의 칭송에 대한 사랑(amor humanae laudis)'때문에 죽는 것과 '진리에 대한 사랑(amor veritatis)'때문에 죽음을 맞이한 경우는 분명하게 구분되어야 한다고 주장합니다.[47]

인간의 칭송에 대한 사랑은 로마가 자살자들을 영웅시하는 부분에 해당합니다. 로마가 추켜세우는 영웅들이 지상의 도성을 위한 존재들로서, 인간의 칭송에 대한 사랑으로 자살한 것이라는 평가를 내리는 셈입니다. 아우구스티누스는 로마의 영웅들과 비교하면서 기독교의 순교자는 영원한 하나님의 도성을 바라본 자들로서 진리에 대한 사랑으로 순교했다는 점을 강조했습니다.

이것은 아우구스티누스가 삶과 죽음에 대한 로마인의 관점을 극복하려 했다는 뜻이기도 합니다. 알려진 것처럼 로마의 스토아학파는 죽음의 두려움을 이길 능력, 즉 용기가 중요하다고 말했고 심지어 죽음을 경멸하는 영웅이 되어야 한다고 가르쳤습니다.

실제로 일부 스토아학파는 죽음이란 문젯거리조차 아니라고 주장했고, 장수하는 것이 좋은 것만은 아니라고도 말했습니다. 죽음이 선한 삶의 종결 혹은 완성이라면 선한 것이겠지만, 처벌을 당하는 것으로서의 죽음이라면 선이 아니라 악이 된다는 생각입니다. 이것은 영웅들의 자살을 죽음에 대한 경멸인 동시에 명예를 지키기 위한 것이었다고 정당화하려는 로마인의 관점으로 이어집니다.

《신국론》에서 자살과 순교를 구분하는 것은 삶과 죽음에 관한 로마의 관점을 극복하고 기독교의 고유한 통찰을 제시하는 과정입니다. 아우구스티누스에 따르면, 로마의 자살 영웅들과 기독교의 순교자들은 명확하게 다르며 대비됩니다. 로마인은 용기와 명예를 위한 자살이라고 말하지만, 실제로는 단순히 자살일 뿐입니다. 진리를 위한 것도 아니고, 오히려 용기가 없어서 자살한 것이라고 보아야 한다는 생각입니다.

아우구스티누스는 로마인의 관점, 즉 자살의 고통을 겪는 것이 야만인의 노예가 되어 겪는 고통과 수치심보다 낫다는 생각에 단호히 거부합니다. 아우구스티누스는 성경(마

10:28)을 인용하면서 야만인에게 죽게 될 것을 두려워해서 자살할 것이 아니라, 영혼을 살리고 죽이시는 하나님을 두려워해야 한다고 강조합니다.[48]

이쯤에서 〈쿼바디스(Quo vadis)〉(1951)라는 영화의 한 장면을 떠올리게 됩니다. 페트로니우스가 네로의 눈에 난 후에 친구들을 불러 연회를 열고, 그곳에서 여러 사람이 지켜보는 가운데 의사를 시켜 동맥을 자르게 하는 장면이 있습니다. 이것을 보니 생각나는 일이 있습니다. '죽음의 의사(Dr. Death)'라는 별명까지 붙었던 커보키언(Jack Kevorkian)이 1990년대에 감행했던 '의사조력자살'의 로마 버전이라고 부를 수 있을 것 같습니다.

페트로니우스의 선택이 로마인으로서의 명예를 위한 선택이었다고 우겨댈 수 있다면, 커보키언의 경우는 의생명과학기술의 발전에 따른 우리의 시대상을 보여주는 것이라는 점이 다를 뿐입니다. 의사조력자살을 다루려는 것은 아닙니다. 법률상 불법이자 하나님의 생명주권에 대한 도전이라는 점에서 결코 찬동할 수 없습니다.

다만, 스토아학파에 대한 아우구스티누스의 관점을 설명하기 위해 소개하는 일화일 뿐입니다. 페트로니우스 사건은 아우구스티누스 시대와 거리가 있는 네로 시대에 벌어진 일이었지만, 스토아 철학자들은 아우구스티누스의 시대에도 여전히 활동하고 있었습니다. 그들은 '행복한 삶(beata vita)'에 관심을 두었습니다. 어리석은 대중과 달리 '현자(sage)'가 되어야 한다는 교훈이 핵심입니다.

이와 관련해 스토아 윤리가 말하는 '아디아포라(adiaphora)' 개념을 참고할 필요가 있습니다. '무관한 것' 혹은 '중립적인 것'이라는 뜻을 가진 이 단어는 바른 판단을 위한 단초가 된다고 합니다.

이 기준에 따르면, 생명, 건강, 쾌락, 아름다움, 부 그리고 명성은 '선호되는 것들'입니다. 죽음, 질병, 고통, 추함, 가난 그리고 불명예는 '선호되지 않는 것들'입니다. 다만, 선호되는 것이든 선호되지 않는 것이든 간에 덕을 통한 행복과는 무관하거나 대수롭지 않은 것, 즉 아디아포라일 뿐입니다.

스토아 윤리는 인간의 불행은 아디아포라에 집착하여 격정에 휩쓸리는 데서 온다고 보았습니다. 현자는 아디아포라의 소유와 상실에 일희일비하여 아파테이아에 이르지 못하는 어리석은 자들과 달리, 과도한 집착 혹은 회피를 넘어 덕을 추구하라고 말합니다.[49]

그리고 스토아 윤리에서 삶의 목적을 로고스에 순응하는 것이라고 말한 부분도 참고할 필요가 있습니다. 스토아 윤리에서 현자의 삶은 로고스를 알고 순응하는 삶이기에 어떤 상황에서도 행복하다고 말하는 이유입니다. 심지어 현자의 행복은 끔찍한 고문대 위에서도 파괴되지 않는다고 주장했습니다.[50]

스토아학파에서는 '죽음 훈련'을 권하기도 했습니다. 스토아학파는 죽음을 항상 상기시켰다고 합니다. 인간은 누구나 죽음을 피할 수 없다는 것을 알고 있지만, 언젠가 죽을 것이라고 생각하며 막연히 죽음을 미래로 지연시키고 있을 따름이라는 주장입니다. 따라서 언제든지 죽을 수 있는 것처럼 행동하고 말하고 항상 생각하는 것이 중요하다고 합니다.

긍정적 요소도 있기는 합니다. 죽음이 항상 자신의 눈앞에 있는 것처럼 살아가고 하루하루를 최후의 날인 것처럼 보내야 한다는 교훈을 준다는 점에서 말입니다. 어쨌든, 스토아학파의 죽음 훈련에 관련된 요점은 죽음에 대한 두려움을 극복하고 현재에 주의를 집중하여 자족적인 삶을 영위해야 한다는 데 있는 것 같습니다.[51]

아우구스티누스는 스토아 철학자들의 관점을 정면으로 반박합니다. 아우구스티누스의 비판 중에서 가장 결정적인 것은 아파테이아에 대해서입니다. 아파테이아에 대한 아우구스티누스의 비판은 스토아 윤리의 근간을 조준합니다.

아우구스티누스는 스토아 윤리가 말하는 정념으로부터의 자유, 즉 아파테이아에 회의적이었습니다. 무엇보다 아파테이아는 현실성이 없다고 반박합니다.

스토아 윤리에서는 부정적인 감정으로서의 정념으로부터 자유로워야 한다고 주장했지만, 아우구스티누스가 보기에 스토아 윤리는 비현실적이며 초인(super-human)에게나 해당하는 것이라 하겠습니다. 아파테이아란 결국 의도적인 무감정 혹은 무정념의 상태를 지향하는 것이요, 그것은 일종의 위선과 다르지 않기 때문입니다.

아우구스티누스는 죽음의 두려움과 관련하여 스토아학파의 관점을 의식하면서 로마의 영웅들과 성경의 욥을 대비시킵니다. 고통 속에 있기는 마찬가지였지만, 욥은 자살하기보다 고통을 감수했습니다.[52] 그리스도인에게 이 땅에서의 삶은 비록 고통 속에서 악을 감수하며 살아가는 과정이지만, 마침내 구원에 이를 것이라는 소망을 가지고 살아야 한다는 교훈을 주는 부분입니다.

나아가 아우구스티누스는 순교자들을 예로 들면서 죽음의 두려움은 불멸의 명예를 얻기 위해 자살하는 생명의 허비로 이겨낼 수 있는 것이 아니라고 단언합니다. 오히려 그리스도인이 자신의 연약함을 인정하고 하나님의 은혜에 힘입어 죽음을 이기신 그리스도의 부활 승리에 참여할 때라야 죽음의 두려움을 이겨낼 수 있다고 강조합니다.

여기서 놓치지 말아야 할 것이 있습니다. 앞서 죽음의 인식과 관련하여 은혜의 중요성을 말했던 것과 동일하게 순교에 대한 인식에서도 '은혜'를 직접적으로 언급하고 있다는 점입니다. 아우구스티누스가 순교자 기념예배에서 세상에서의 삶을 마감하고 천국에서의 영생을 시작하는 순교자들의 모습을 기억하도록 설교했을 때, 그 핵심은 '은혜'에 있었습니다.

아우구스티누스가 보기에 순교자들의 영웅적 신앙이 순교를 감당하게 한 것이 아닙니다. 그들이 순교 과정에서 죽음의 두려움을 이겨낼 은혜에 힘입었다는 점이 강조되어야 한다는 뜻입니다. 부활 소망의 신앙과 은혜의 중요성을 강조하려는 취지로 읽히는 부분입니다.

아우구스티누스가 순교자들이 현세의 모든 것을 멸시하고 영원한 행복을 위해 죽음을 맞이했다는 설교를 한 것은 사실입니다. 하지만 자신의 힘으로 이러한 행복을 성취하는 것은 아니라고 설교했던 것 또한 분명한 사실입니다.

이것은 죽음의 두려움을 이겨낼 능력으로서 은혜의 중요성을 회중에게 깨닫게 하려는 취지였습니다. 나아가 회중에게 순교자들이 받았던 그 은혜를 간구하면서 살아야 한다는 교훈을 주려는 의도였습니다. 로마의 박해시대 끝자락에서 순교자들의 모습을 본 회중에게 죽음의 두려움을 이길 힘은 오직 하나님의 은혜에 힘입는 것임을 일깨워주려는 뜻이라 하겠습니다.

모털리티에서
모럴리티를
읽어내는가?

죽음의 두려움, '순례'의 윤리

'timor mortis'에 관한 아우구스티누스의 통찰은 그 시대의 독자들과 회중 및 오늘의 그리스도인을 위한 교훈으로 이어집니다. '순례'의 도덕 혹은 가치관에 대한 강조가 그것입니다. 순교의 시대 끝자락에서 설교했던 아우구스티누스에게 'timor mortis'에 대한 성찰은 궁극적으로 중요한 목회적 책무로 인식되었습니다.

아우구스티누스는 지상의 도성에서 영원한 도성을 향한 '순례'에 대한 관심을 촉구하는 데로 나아갑니다. 이 점을 풀어내기 위해 이제까지의 논의를 통해 분명해진 것을 기억할 필요가 있습니다. "누구나 죽음을 두려워한다." 그리고 "이 두려움을 이기고 참된 행복에 이르는 길은 하나님의 은혜 주심에 있다"는 것이 아우구스티누스가 주장한 요점입니다.

눈여겨볼 것은 아우구스티누스가 《신국론》 13권에서 인간의 죽음 문제를 다룬 부분입니다. 이 부분은 인간이 하나님께 불순종하고 반역함으로써 죄를 지어 죽음의 형벌에 처해졌다는 이야기입니다.[53]

특히, 이 부분에서 아우구스티누스는 죽음과 관련된 시

제를 세 가지 관점에서 다룹니다. 과거, 현재 그리고 미래 시제입니다. '죽기 전(before death: living)', '죽어감(in death: dying)', 그리고 '죽음 후(after death: dead)'의 시제가 적용됩니다.

또한 죽음에 관한 아우구스티누스의 관점에는 세 가지 주제가 결부되어 있습니다. 존재론적, 생리적 및 심리적, 그리고 신학적 주제입니다. 세 가지 주제 각각에 존재론적으로 죽음 전, 죽어감, 그리고 죽음 후라는 세 가지 시제가 적용됩니다. 생리적 및 심리적 관점에는 살아있는 상태, 죽어가는 상태, 그리고 죽은 상태가 적용됩니다.

반 호른(Winston A. Van Horne)에 따르면, 특히 주목해야 할 것은 세 번째 관점, 즉 신학적 의의입니다. 인간의 과거, 즉 죄가 없던 상태에서는 죽음이 없는 상태였겠지만, 죄를 지은 이후 인간의 현재는 죽음을 통과해야 하는 과정으로서 죽어감의 상태에 처해 있습니다. 육체와 영혼이 결합되어 있기는 하지만, 결국은 죽음을 향하고 있습니다.

이 과정에서 순교란 하나의 정치적 행위일 수 있습니다. 지상의 도성이 하나님의 도성에 속한 자들을 박해할 때, 수동적으로 당하는 일이라기보다 진리를 위해 감내하는 행위라는 점에서 순교의 의의는 더욱 크다고 하겠습니다. 이러한 과정에서 순교자들의 모습은 정치적 저항의 통로였다는 것이 반 호른의 해석입니다. 순교자들은 죽어감의 과정에서 신앙을 거부하거나 타협함으로써 목숨을 연명할 수 있는 정황에서도 순교를 받아들임으로써 자신들의 용기와 확신을 입증했다는 뜻입니다.[54]

이러한 해석을 참고하면, 아우구스티누스가 'timor mortis'에 대한 성찰을 통해 회중에게 지상의 도성에서 어떤 삶을 살아야 하는지를 설교했던 근본적인 취지와 목적을 찾아낼 수 있습니다. 한마디로 '순교자'를 본받아 '순례자'로 살아야 한다는 교훈을 주려는 것이 아우구스티누스의 요점입니다.

사실, 'timor mortis'가 순교자 기념예배의 설교 주제였던 것만은 아닙니다. 순교자들의 모범을 설교하고 가르치는 것은 아우구스티누스의 목회에서 중요한 책무였습니다. 죽음에 관한 바른 인식을 통해 삶의 윤리적 과제를 제시하는 데로 이어집니다. 특히, 아우구스티누스가 회중에게 순교자의 행위를 하나의 도덕적 교훈으로 제시하면서 순교자들을 본받아 살도록 독려한 점에 유의해야 합니다. 이것은 회중에게 순교자들과 동일한 목적지에 이르도록 권하기 위함이었습니다.

말하자면, 순교자들을 본받음으로써 누구라도 영원한

생명을 얻을 수 있다는 점을 강조하려는 의도였습니다. 예를 들어, 아우구스티누스가 설교를 통해 "하나님께서 모든 그리스도인을 순교자가 되도록 하시는 것은 아니지만, 순교자들을 본받는 모든 사람에게 영원한 생명을 약속하신다"고 강조했던 이유가 이것입니다.

이것은 순교가 지닌 신앙적 의의를 일깨우는 것 이상의 의미가 있습니다. 순교자를 본받아 살되 순례자의 가치관으로 살아야 한다는 도덕적 교훈으로 이어지는 것이기 때문입니다. 아우구스티누스는 세상에서의 삶을 순례에 비유하면서 그리스도께서 첫 열매가 되신 영원한 생명길을 걷는 것이라고 설교했습니다.[55]

이 설교에서 아우구스티누스가 의도한 것은 '사멸성(mortality)'을 '도덕성(morality)'과 연관 짓는 과정입니다.[56] 여기서 재미있는 '라임' 비슷한 것이 또 한 번 나타납니다. 영어 표현에서 두 단어가 유사한 형태와 발음으로 연결되면서 중요한 교훈을 주는 것 같습니다.

아우구스티누스가 설교를 통해 죽음의 두려움을 말한 것은 회중에게 겁을 주려는 의도가 아니었습니다. 영원한 생명을 사랑하도록 회중의 마음에 불을 붙이려는 의도였습니다.[57] 아우구스티누스는 타락한 이 세상에 집착하는 삶의 태도(cupiditas, 시간적인 것을 소유하려 집착하고 절대시하는 어긋난 사랑)로는 궁극적 행복을 누릴 수 없다고 단언합니다. 영원한 하나님의 도성에 대한 카리타스(caritas, 질서 있는 사랑, ordo amoris)만이 아우구스티누스가 권하는 행복의 길입니다.

이러한 맥락에서 아우구스티누스는 카리타스를 따라 사는 자들에게 죽음이란 상실이 아니라 획득이라고 말합니다. 아우구스티누스는 죽음이란 삶의 끝이 아니라 참되고 완전한 삶을 향하여 들어가는 것이라고 설교합니다.[58]

이것은 순교자들의 모범이 카리타스를 통해 영원한 행복에 이른 것임을 말해주는 것이라 하겠습니다. 동시에 이 세상을 살아가는 그리스도인에게 하나님의 도성을 향한 순례자의 정체의식을 가지고 살아야 한다는 것을 일깨워줍니다. 어긋난 사랑으로서 쿠피디타스를 극복해야 함을 강조하는 것이라 하겠습니다.

'mortality'에서 'morality'로

죽음의 문제에 느닷없이 카리타스와 쿠피디타스를 적

용하는 이유는 무엇일까요? 아우구스티누스가 보기에 죽음의 두려움은 영원을 망각하고 시간에 속하는 것들이 주는 거짓 쾌락에 대한 집착과 연관이 있습니다. 죽음을 두려워하는 이유 중에 쿠피디타스에 집착하려는 어리석음이 있다는 뜻입니다. 더 많은 것을 소유하고 그것들이 주는 쾌락을 행복으로 여기면서 그것을 잃기 싫은 마음에 죽음을 두려워하며 온갖 수단방법을 동원하여 죽음을 연기하려고 발버둥 치는 인간의 모습에 대한 고발이라 할 수 있습니다.

이러한 맥락에서 아우구스티누스는 죽음의 두려움에 관한 설교를 통해 역설적으로 회중에게 도덕적 책임의식을 갖도록 일깨워줍니다. 그리고 그들의 삶에서 바른 결단에 이르도록 촉구합니다. 특히, 아우구스티누스는 죽음의 두려움에 관한 자신의 설교를 듣는 회중에게 그리스도인으로서의 도덕적 책임을 일깨워주고자 했습니다. 순교자들을 기억하고 본받아야 한다고 말입니다.[59]

무엇보다 아우구스티누스가 "순교자들은 우리에게 모든 어려운 일을 견뎌낼 인내와 자기희생을 배우게 한다"고 강조한 부분은 큰 의의가 있습니다.[60] 그리고 "순례자로서의 그리스도인은 순교자들처럼 하늘에 대한 소망을 가지고 한시적인 고문의 고통을 받더라도 하나님의 은혜에 힘입어 견

더 넘으로써 영원한 생명을 보상받는다"고 설교했던 부분 역시 의의가 크다고 하겠습니다.

이것은 'timor mortis'를 주관적 감성의 문제 혹은 문화적 차이에 의한 상대적인 요소로 환원시키지 않고 내적 성찰과 도덕적 실천의 중요성을 강조했다는 점에서 중요한 가치를 지닙니다. 영원한 도성을 향한 소망을 가져야 한다는 사실은 물론이고, 현재에 주어진 삶을 순교적 가치관에 입각하여 순례의 삶으로 이어가라는 교훈을 줍니다. 요컨대, 도덕적 책임의식을 가진 그리스도인으로 살아야 함을 강조했다는 뜻입니다.

여기에서도 놓치지 말아야 할 것은 '은혜'에 대한 강조입니다. 죽음의 두려움을 이길 궁극적인 능력은 대단한 내공이나 인격이 아니라는 뜻입니다. 순교자들의 경우와 마찬가지로, 그리스도인은 지상의 도성을 살면서 순례자의 가치관을 가지고 살아가야 합니다. 그것을 인식하고 실천하는 것 자체도 '자기 의(義, self-righteousness)'에 따른 것이 아니라, 하나님께서 은혜를 주셔야 가능하다는 신앙고백이 필요하다는 뜻입니다.

설교자로서 아우구스티누스는 그리스도 중심의 설교를 통해 로마의 자살 영웅들과 달리, 도나투스파의 거짓 순교와 달리, 그리고 펠라기우스의 자기 의에 집착하는 삶과 달리 살아가도록 이끌어주는 데 힘을 쏟았다고 하겠습니다. 하나님의 은혜에 대한 갈망을 가지고 살아가는가, 혹은 인간의 자기절제와 자기공로를 내세우며 살아가는가의 차이를 준별하게 하는 부분입니다.

아우구스티누스가 죽음의 두려움에 대한 인식에서, 그리고 순교에 대한 인식에서 은혜의 중요성을 강조한 것은 순례자로서의 도덕적 책무와 '제자됨'의 길을 위한 윤리로 해석할 수 있겠습니다. 아우구스티누스에 따르면, 죽음의 두려움은 그리스도인에게 은혜를 구하도록 이끄는 겸손의 수업에 해당합니다. 삶이란 '제자도'를 실천하는 과정이어야 하며, 그 능력은 인간 내부에서 나오는 것이 아니라 하나님의 은혜를 간구할 때 갖춰진다는 뜻입니다.

아우구스티누스가 이렇게 설교한 이유는 분명합니다. 주께서 사망의 권세를 이기셨음에도 불구하고 그리스도인에게 죽음의 두려움은 신실함을 연단하는 일종의 '시련(agon)'으로 남아 있기 때문입니다. 그리고 이러한 시련들 속에서 순례자의 가치관을 지키는 것은 강인한 정신력이 아니라 은혜에 힘입을 때에만 가능하다는 점을 강조한 것이라 하겠습니다. 회중에게 그 은혜를 간구하며 살도록 촉구하고 권면한 것이라는 뜻입니다.

　적극적으로 표현하자면, 죽음의 두려움은 그리스도인의 신앙을 입증하고 완성시켜가는 계기라고 할 수 있습니다.[61] 또한 제자의 길을 걷게 하는 자극제가 된다고 하겠습니다. 아우구스티누스가 설교를 통해 회중에게 지속적으로 반복하여 순교와 순례를 강조한 것은 본질적으로 그리스도인에게 오늘의 삶을 위한 성찰을 제시한 것이라 할 수 있겠습니다. 하나님의 도성에 속한 그리스도인에게 지상의 도성을 살아가는 동안 은혜의 간구자로 살도록 이끌어주려는 취지였습니다.

　물론, 아우구스티누스의 논의에 한계가 있는 것은 분명합니다. 그에게 항상 따라다니는 반론에서 '죽음'이라는 주제 역시 자유롭지 못합니다. 'timor mortis'와 관련하여 플라톤주의를 철저하게 극복한 것일지, 또는 마니교의 잔재를 청산하지 못한 것은 아닐지에 대한 의구심은 여전합니다. 아우구스티누스의 논의에 비판의 여지가 있는 셈입니다.

　더구나 아우구스티누스와 현대의 웰다잉 사이에 시대적 격차가 크다는 점 또한 간단한 문제가 아닌 것은 사실입니다. 그럼에도 불구하고 아우구스티누스가 'timor mortis'를 설교한 이유와 그 맥락을 간과해서는 안 됩니다. 아우구스티누스는 430년 8월 28일, 북아프리카 히포 교구에서 순례의 길을 마감하고 마침내 영원한 도성을 향하기까지[62] 죽음을 앞둔 질병 가운데서도 기력이 있는 한 최선을 다해 설교했다고 전해집니다.[63] 야만족의 지속적인 침략으로 로마의 국가기능은 혼란에 빠지고 죽음의 두려움이 지배하는 시기였습니다. 아우구스티누스가 '순교'의 가치를 내면화하고 '순례'의 가치관을 구현하도록 강조한 것은 삶과 죽음에 관한 현대적 논의에서 반드시 고려해야 할 요소입니다.

무엇보다 '은혜박사(doctor gratiae)' 아우구스티누스의 진면목에 유의할 필요가 있습니다. 그가 삶과 죽음에 관한 논의에서 극복해야 할 기독교 외부의 대상인 마니교, 신플라톤주의, 로마의 관점을 평가하고 논박할 때, 그 기준은 '은혜'의 신학이었습니다. 기독교 내부의 극복대상이던 도나투스주의와 펠라기우스주의를 다루는 과정에서도 그 기준은 '은혜'였습니다. 이는 아우구스티누스의 재발견에서 결코 놓치지 말아야 할 요소입니다.

삶의
존엄성에
관심하는가?

웰다잉에 부활 소망의 신앙을

처음 질문을 기억해봅시다. '웰다잉, 죽음의 두려움을 극복하는가?' 이 질문에 대한 답을 찾기 위해 기독교 고전의 상징적 인물이라 할 수 있는 아우구스티누스의 통찰을 살펴보았습니다.

이렇게 답을 해야 할 것 같습니다. '웰다잉의 결정 자체는 존중되어야 마땅하지만, 웰다잉 그 자체로 죽음의 두려움을 극복하는 것이라기보다 부활 소망의 신앙을 가진 웰다잉을 추구해야 한다'고 말입니다.

좀 더 풀어서 말하자면, 죽음의 두려움을 이길 힘은 부활 소망의 신앙에서 온다고 하겠습니다. 그리고 그 신앙을 가지는 것 자체도, 그 신앙을 지키며 죽음의 두려움을 이기에 하는 것도 은혜적 사건이라고 말해야 맞겠습니다. 웰다잉을 결정했다고 해서 죽음에 대한 의연함을 자랑하기보다 은혜 주시는 하나님을 향하여 부활 소망의 신앙으로 살아가는 것이 더 중요하다는 뜻입니다.

이와 관련하여 순교에 대해서도, 순례에 대해서도 은혜의 중요성을 강조했던 아우구스티누스의 관점은 단지 기독교적 수식어를 사용하여 그럴싸하게 포장하려는 의도가 아니었습니다. 혹은 알맹이도 없이 은혜의 중요성을 습관적으로 강조하는 이야기도 아니었습니다.

'은혜박사'로서 아우구스티누스의 면모는 죽음의 두려움에 관해서도 분명하게 드러납니다. 순교의 신앙을 가지는 것도 중요하고 순례의 윤리를 실천하는 것도 중요하지만, 은혜가 필수라는 점을 강조했다는 사실을 간과해서는 안 됩니다.

이 부분에서 아우구스티누스가 펠라기우스에 대해 답했던 부분을 참고해야 할 것 같습니다. 펠라기우스와 제자 율리아누스(Julianus Eclanum)의 집요한 공격을 받으면서 아우구스티누스가 수립한 은혜의 신학은 그의 사상 전체를 특징짓는 요소입니다. 죽음의 두려움에 관해서도 예외가 아닙니다.

해석가들에 따르면, 펠라기우스는 고대 도덕가들의 후예였으며,[66] 당시 대중적이던 스토아 사상의 윤리적 교훈을 이어받은 신학자였습니다. 아우구스티누스와 동시대를 살았던 펠라기우스는 이방인의 침공을 받은 로마의 혼미와 타락을 지켜보면서 도덕의 재건을 절감했습니다. 특히, 그리스도인에게 윤리의 중요성을 강조하면서 성숙한 자유인이 될 것을 권했다고 전해집니다.

문제는 펠라기우스의 도덕적 관심이 은혜의 복음을 거

스른다는 사실입니다. 펠라기우스는 도덕의 중요성을 강조하고 인간의 자유의지를 옹호한다는 명분으로 원죄에 대해 결정적 오류를 범했습니다. 아담의 죄는 단지 아담이라는 개인의 경우에 국한한 것이며,[65] 하나님의 은혜는 인간의 본성에 대해 필요한 것이 아니라 올바른 행위를 위한 조건일 뿐이라고 말했습니다.[66] 결과적으로, 펠라기우스는 공로주의에 흐르고 말았습니다.

기독교화된 이후 야만족의 침공을 받아 혼미상태에 빠진 로마의 도덕적 타락을 두고 고민했던 것은 펠라기우스만이 아닙니다.[67] 아우구스티누스 역시 도덕의 문제를 심각하게 여겼습니다. 차이가 있다면, 펠라기우스는 복음과 은혜의 중요성을 포기하면서까지 도덕에 집착했고, 아우구스티누스는 은혜의 기초 위에 교리와 윤리를 세우고 적극적인 대안을 제시했다는 점입니다.

아우구스티누스의 《고백록》은 기독교 윤리가 근거해야 할 내러티브를 잘 보여줍니다. 현대 기독교윤리학자 하우어워스(Stanley Huerwas)가 말한 것처럼 아우구스티누스는 '죄'와 '회개', 그리고 '은혜'의 내러티브를 통해 마니교에서 벗어나 '복음(gospel story)'을 자신의 이야기로 받아들였습니다.[68]

아우구스티누스가 은혜를 강조한다고 해서 도덕적 긴

장감을 느슨하게 하는 것은 결코 아닙니다. 도덕의 중요성은 분명하지만, 율법주의에 빠질 것이 아니라 인간의 왜곡된 자유로는 진정한 도덕의 실천이 불가능하므로 은혜에 의해 치유되고 은혜에 의해 새로워져야 한다는 취지입니다.

웨첼(James Wetzel)이 말한 것처럼 아우구스티누스는 도덕적 자기성숙에 호소하지 않고 은혜에 의한 존재로서의 정체성에 기초하고 있었으며,[69] 은혜야말로 기독교 윤리의 본질임을 보여주고자 했습니다. 또한 아우구스티누스는 하나님의 은혜가 있어야만 이룰 수 있는 것이 무엇인지를 보여줌으로써 인간이 자신의 능력만으로는 이룰 수 없는 것들이 무엇인지 일깨워줍니다.[70]

죽음의 두려움과 관련하여 생각해볼까요? 순교자들을 본받아 순례자로 살아가야 한다는 것은 스토아주의에 기초했던 펠라기우스의 관점을 넘어서는 본질적 가치를 지니고 있습니다. 하나님의 은혜를 간구하면서 죽음의 두려움을 이길 능력 주시기를 소망하는 자세로 살아가야 한다는 뜻입니다.

아우구스티누스의 관점, 즉 죽음의 두려움을 이길 능력으로서의 은혜에 대한 관심은 본질적으로 부활 소망의 신앙과 연관됩니다. 아우구스티누스가 순교자의 삶에 대한 이야기에서도, 순례자로 살아가야 할 도덕적 과제에 대한 이야기

에서도 은혜를 강조한 것은 부활 소망의 신앙에 기초한 것이
라 할 수 있습니다.

　　예를 들어, 바울의 죽음 언어는 생명을 바라보는 역설
적 희망의 언어라고 할 수 있으며 세상의 삶의 방식과 가치
를 그대로 긍정하는 것은 아니라는 데 특징이 있습니다. 죽
어야만 할 대상에 대해 죽음으로써 하나님이 약속하신 참된
삶을 누리고, 그런 삶 속에서 궁극적 생명의 소망을 키우자
는 초대입니다. 이런 긍정의 희망 속에서 '죽음'이라는 부정
적 언어의 역설적 역동이 드러난다고 하겠습니다.[71]

　　사실, 오늘날 대부분의 주류 기독교가 인간이 죽으면
그의 영혼은 육체를 떠나 천국 또는 지옥으로 가게 된다는
영혼불멸설에 가까운 입장을 보이고 있습니다. 그러나 이러
한 입장은 예수께서 말씀하신 내용과도 다르고, 바울을 포함
한 초기 기독교인이 선포했던 메시지와도 거리가 멀다고 합
니다.[72]

　　인간의 죽음 이후의 상태에 대해 '완전죽음'과 '영혼불
멸'이라는 상반된 입장이 지속되고 있는 가운데 기독교는 영
혼불멸은 아니지만 사후 영혼의 존속을 말하되, 부활에 초점
을 맞춥니다. 부활 사건은 하나님께서 십자가에 달린 예수를
일으키신 초월적인 사건으로서 전적으로 하나님의 행위이

며,[73] 부활 소망의 신앙이야말로 죽음의 두려움을 극복하는 결정적 능력이라 하겠습니다.

이렇게 보면, 웰다잉에 대한 기독교적 관점에는 중요한 차별성이 있습니다. 웰다잉 자체를 결정하는 것은 기독교 신앙인이 아니라 해도 충분히 가능한 일입니다. 그리고 연명의료의 중단을 결정하는 것 자체는 죽음 앞에 의연해지는 중요한 과정이라고 할 수 있습니다.

웰다잉 자체가 기독교 친화성을 지닌 것이라고 말하기보다 웰다잉을 결정하는 배경요인에 복음적 성찰이 중요하다고 하겠습니다. 무엇보다 중요한 것은 죽음의 두려움과 관련하여 부활 소망의 신앙이 핵심이라는 사실입니다.

죽음의 두려움을 극복하는 길을 다룰 때, 웰다잉을 결정하는 것만으로도 의의가 있지만 한 걸음 더 나아가야 합니다. 무엇보다 부활 소망에 기초한 웰다잉을 말하는 것이 바른 방향이라 하겠습니다. 적어도 아우구스티누스의 관점을 따르는 그리스도인의 경우에는 더욱 그렇습니다. 웰다잉에 부활 소망의 신앙을 연결 지을 때, 비로소 의미 있는 결정이 된다고 하겠습니다.

죽음의 두려움에서 삶의 존엄으로

한 가지 더 생각할 것이 있습니다. 삶과 죽음의 연관성에서 나오는 실천과제가 있습니다. 죽음에 대한 성찰은 삶의 의미와 태도에 관한 성찰로 이어져야 한다는 이야기를 하고 싶습니다.

누군가 말한 것처럼 존엄한 삶이 있어야 존엄한 죽음을 말할 수 있습니다.[74] 뇌과학 혹은 신경생리학을 연구하는 휘터(Gerald Hüther)가 사회적 상호작용으로서의 뇌에 대한 인식을 풀어놓으면서 언급한 것이라고 합니다.

대부분의 경우 존엄한 죽음에 대해서는 관심이 많지만, 그 짝이 되어야 할 존엄한 삶에 대해서는 관심을 두지 않는 경향이 있는 것 같습니다. 죽음의 문제는 독립된 것이라기보다 오늘의 삶과 연관되어야 함에도 말입니다.

오래전에 읽었던 글 중 뇌사 문제를 다루는 부분에서 뇌사를 말하기 위한 기준으로 '뇌생(腦生)'을 생각해야 한다는 구절이 있었던 것 같습니다. '뇌사-뇌생'의 조합입니다.

이를 응용해보면, '존엄생(尊嚴生)'에 대해서도 말해야 한다고 생각됩니다. '존엄사'라는 단어를 쓰고 싶지는 않지만, '존엄사-존엄생'의 조합이 될 수 있겠습니다. 개념들의 조합에 대해 말하려는 것은 아닙니다. 더구나 필자로서는 '존엄사'라는 단어 자체에 부담이 크고, '연명의료 중단'이라는 용어를 선호하는 입장입니다. 다만, 존엄한 삶에 대한 관심이 필요하다는 이야기를 하려는 의도입니다.

이제까지 죽음의 두려움에 관해 살펴보았다면, 삶의 의미와 과제를 말해야 할 차례인 것 같습니다. 죽음의 두려움을 가진 우리 모두의 과제라 하겠습니다. 존엄한 삶을 위한 성찰이 필요하다는 취지입니다. 이를 위해 휘터의 관점을 조금 더 인용하고자 합니다.

휘터에 따르면, 존엄한 인생이 무엇인지 아는 사람은 더 이상 존엄하지 않은 인생을 살 수 없습니다.[75] '존엄'은 내면에 확신으로 깊게 뿌리박혀 한 사람에게 인간으로서의 특성을 부여하며, 그 고유의 인간됨이 행동으로 표출되도록 만드는 관념이라 할 수 있습니다.[76] 휘터는 이러한 이야기들 끝에 인간의 공존과 존엄한 인간이 가진 책임을 재발견하는 단계로 나아가야 한다고 제안합니다.[77]

휘터가 염두에 둔 것은 아마도 칸트의 관점인 것 같습니다. 존엄이란 인간을 다른 창조물들로부터 구분되게 하는 것으로, 모든 인간은 자신의 인격 속에서 자신의 존엄성에 위배되지 않을 의무를 가지고 있다는 생각도 그렇습니다.

휘터는 한 사람의 존엄은 그 사람을 함부로 대하는 타인에 의해서만 다치는 것이 아니라 우리 스스로를 함부로 대할 때도 상처를 입는다고 경고합니다. 자신을 벌레로 여기는 사람은 짓밟힘에 대해 불평할 수 없다는 주장도 이러한 맥락과 연계됩니다.[78] 그리고 이런 말도 합니다.

> 인생을 바꿀 수 있는 사람은 없다. 하지만 매 순간 지금까지와 다르게 살아갈 것을 결정할 수는 있다. 스스로 존엄한 존재가 되어 스스로를 사랑하게 될 것이다.[79]

중요한 통찰입니다. 우리 모두 마땅히 고려해야 할 명제일 듯싶습니다. 문제는 존엄을 말하는 것에서는 동일하지만, 존엄에 대한 생각이 다를 수 있다는 사실입니다.

예를 들어, 존엄한 죽음에 대한 이야기는 내용에서 큰 차이가 나는 것을 볼 수 있습니다. 삶의 양적 기준으로서 장수하는 것이 존엄인가, 혹은 삶의 질을 기준으로 말하는 것이 맞는 것인가에 대해 의견이 다른 것 같습니다.

휘터가 '중세에는 인간 존엄의 기준을 하나님의 형상에서 찾았다'고 말했던 것도 하나의 예가 되겠습니다. 하지만

'신앙으로 신에게 조아리는 인간상'을 만들었다는 휘터의 비판은 맞기도 하고 틀리기도 합니다.

중세에 교회의 권력이 과도해진 현상이 있었던 것은 사실이지만, 그렇다고 해서 인간 존엄의 근거를 하나님의 형상이라고 말한 것 자체가 틀린 것은 아니기 때문입니다. 인간 존엄의 근거를 하나님의 형상을 지닌 존재라는 사실에서 찾는 기독교의 관점 자체는 중요한 의의를 지닙니다.

예를 들어, 램지(Paul Ramsey)가 인간생명의 가치를 존엄성의 단계를 넘어 '신성함(sanctity)'의 차원에서 성찰해야 한다고 말했던 것도 같은 맥락에 속합니다. 인간 존엄의 근거가 사회적 가치나 능력에 의존하는 것이 아니라, 하나님이 우리를 존재로 불러내었고 우리에게 생명을 부여했다는 점에서 찾아야 한다는 취지입니다.[80]

실제로 기독교 신앙은 "하나님은 인간을 자신의 형상(Imago Dei)을 따라 창조하셨다"는 사실에 주목합니다. 그리고 창조주께서는 우리의 인격성 여부나 정상인 여부에 관심을 가지시는 것이 아니라 천하보다 귀한 영혼으로 여기신다는 점이 중요합니다.

우리가 잘 알고 있듯이, 뇌사(brain death)와 장기이식(organ transplant), 그리고 안락사(euthanasia) 등 의료기술의 발전에 따른 이슈들은 그 자체로 윤리적 도전입니다. 게다가 생명을 제어하는 단계에도 위험이 수반되지만, 그 단계를 넘어 생명에 대한 조작(manipulation)을 시도하는 것은 더욱 위험천만합니다. 그것은 생명존엄에 대한 위협인 동시에 생사여탈(生死與奪)의 권리를 수임 받은 것처럼 행세하는 '하나님 노릇하기(palying God)'와 다르지 않다고 하겠습니다.

이러한 의미에서 테크놀로지를 자의적으로 사용할 것이 아니라 '경건(敬虔, God-fearing)'의 자세를 가져야 합니다. 생명의 창조주이신 하나님의 뜻을 존중하고 인간 존엄을 위한 책임의 윤리를 실천해야 한다는 뜻입니다.[81] 이것은 우리의 삶이 경건의 자세를 바탕으로 책임적인 것이어야 한다는 당위를 말해줍니다.

이는 생명의료윤리와 생사학에만 해당하는 것은 아닙니다. 죽음을 피할 수 없는 우리의 삶 전체에 적용해야 할 과제입니다. 그럴싸한 용어를 쓴다고 해서 죽음이 존엄해지는 것은 아닙니다. 존엄한 삶을 살아가는 것이 더 중요하고, 진정한 의미에서의 존엄을 말할 근거가 된다고 하겠습니다.

아우구스티누스를 중심으로 살펴본 죽음의 두려움이라는 문제 역시 이러한 원칙과 다르지 않습니다. 죽음의 두려움을 은혜에 힘입은 순교의 신앙으로 극복하고, 순례의 윤리를 실천하는 단계로 나아가야 한다는 뜻입니다.

웰다잉 시대를 맞이하여 분명한 것이 있습니다. 삶과 죽음에 대한 성찰이 반드시 필요하다는 점, 죽음의 두려움을 극복하고 삶의 존엄을 위해 노력해야 한다는 점, 그리고 오늘의 삶을 존엄하게 만들기 위한 노력이 절실하다는 점은 시대와 문화가 바뀌어도 변하지 않는 당위라 하겠습니다.

죽음에 대한 인식으로부터 삶의 의미에 대한 자성으로 이어가는 인문학적 성찰 노력은 아우구스티누스의 시대에도, 그리고 웰다잉 시대에도 동일하게 적용되어야 할 윤리적 과제이기 때문입니다.

부록

웰다잉 시대의
초고령교회와
교회됨의 윤리

Quo vadis?

영화 제목을 빌려 이렇게 질문하고 싶습니다. '우리는 어디로 가고 있는가?' 특히, '웰다잉 시대의 초고령교회는 어디로 가야 하는가?' ① 연명치료 중단으로서의 '웰다잉(well-dying)' 시대라는 점, 그리고 ② 수명연장에 따른 '초고령' 현상이 가속화되고 있다는 사실에 주목할 필요가 있다는 뜻입니다.

4차 산업혁명과 AI 문제, 그리고 기후변화의 위기와 지구생명체의 위기 등 우리 시대의 다양한 맥락 모두를 나열하여 다루기보다 특히 두 가지 요소에 주목하고자 합니다. 왜냐하면 공통점을 지향하고 있기 때문입니다. 바로 '죽음'의 문제입니다.

교회로서는 시대적 요구와 맥락에 관심을 두면서도 '어디로 가야 하는가?'의 문제에 분명한 답을 가지고 있어야 합니다. '죽음의 두려움(timor mortis)'에 직면한 오늘날의 성도들을 향하여 생명윤리 및 생사학에 관련된 이야기들을 풀어내되, 그럼에도 불구하고 여전히 교회로서의 정체성을 상실하지 않아야 한다는 점이 중요합니다. 이 글에서 교회됨을 위한 윤리에 관심을 두는 이유가 되겠습니다.

웰다잉 시대와 장묘문화

웰다잉법이 관심을 불러일으킨 것은 죽음의 의료적이고 법률적인 영역에 국한되지 않습니다. 생명윤리의 문제인 동시에 삶과 죽음에 관한 생사학의 문제라 할 수 있겠습니다.

웰다잉 시대를 맞이하여 놓치지 말아야 할 이슈로 '임종문화' 또는 '장례문화'에 대한 관심과 '장묘'의 문제 또한 간과할 수 없는 주제라고 생각됩니다. 교회가 임종문화와 장례문화에 일정한 지침을 가지고 있는지 의구심이 들기도 하지만, 특히 장묘에 관해서는 유족들의 의견에 따르는 경향이 크다는 점에서 매우 우려스럽습니다.

안타깝게도 한국교회는 예식으로서의 '장례'에 관한 문화적 논란이 '예식서 제정'으로 종료되었다고 생각한 나머지 '장묘'의 문제에 대해서는 관심이 깊지 않은 것 같습니다.

죽음 목회에 관한 최근의 관심에도 불구하고, 한국교회는 장묘와 장례에 대해 일정한 의견조차 없는 것은 아닌지 우려되는 정황입니다. '장묘'에 대해서는 교우 개인의 몫으로 남겨둔 채 교회적 관심 자체를 포기한 것은 아닐까 싶을 정도입니다.

성도의 죽음과 장례 및 장묘의 문제는 예식서 하나로

해결되는 것이 아니며, 복음적이고 교회적인 구별과 대안이 필요한 문제라 하겠습니다. 적극적인 관심이 절실한 부분입니다.

보건복지부 조사에 따르면, 2014년에 사망자 10명 중 8명이 선택할 정도로 화장은 이미 보편적인 장례문화로 자리 잡았습니다. 문제는 화장 이후의 장묘 방식입니다. 화장된 유해는 일반적으로 '봉안당(奉安堂)'에 안치됩니다.

일부 보수신학자들은 여전히 매장을 강조하기도 합니다. 화장은 죽은 자에 대한 징벌과 저주의 뜻을 담고 있다고 말하면서 묘지의 순환을 대안으로 내세우는 주장이 그렇습니다.[82] 타당한 해석인지 검토가 필요해 보입니다. 더구나, 현실적으로 대부분의 교회에서 화장에 대한 거부감은 거의 없어 보입니다.

장묘에 대한 교회의 입장은 특별한 대안을 제시하기보다 매장으로부터 화장과 납골로 변모되고 있는 한국의 일반적 장례문화 변화에 단지 순응하고 있는 것 같습니다. 역사적으로 우리나라에 화장로를 통한 화장이 도입된 것은 일제 강점기였던 것으로 알려져 있습니다. 그런 탓에 화장에 대해서는 일제에 대한 저항의식을 반영하거나 악상(惡喪)에나 사용되는 나쁜 장법으로 인식되기도 했습니다.[83]

그러나 현실이 바뀌고 있습니다. 매장에 따른 국토 이용의 제한을 극복하자는 명분을 중심으로 화장에 대한 인식이 개선되는 문화적인 변화를 겪으면서, 화장-납골이 가장 보편적인 장묘 방식으로 자리매김하고 있습니다.

실제로 장묘문화는 다양한 방식으로 바뀌고 있습니다. 시신을 땅에 묻고 봉분을 쌓아 산소를 만드는 전통적인 장묘 방식에서 벗어나 화장(火葬)과 자연장(自然葬), 납골평장(納骨平葬) 등 다양한 방식이 등장하고 있습니다.[84]

수목장(樹木葬)은 화장 후 골분을 지정된 수목 뿌리 근처에 묻어줌으로써 나무가 골분을 흡수하면서 자라게 한다는 취지라고 합니다. 다만, 죽은 사람의 영혼이 그 나무와 영생을 함께한다는 의미를 두려는 관점에 대해서는 기독교의 입장에서 쉽게 찬성하기 어려운 측면도 있습니다.

그런가 하면, '빙장(氷葬, Promession)'은 영하 196℃의 질소 탱크에 시신을 담아 순간동결시켜 분해하는 방법을 통해 흙과 비슷한 성분을 만들어내는 것으로 알려져 있습니다.[85] 또한 산골(散骨)의 경우, 화장한 유골을 산이나 바다 등에 뿌리는 행위를 일컬으며 법이 정한 장소를 이용해야 합니다. 서울시가 산골을 장묘정책의 하나로 제시하는 것이 대표적인 경우라 하겠습니다.[86]

중요한 것은 장묘 방식을 선택하는 것이라기보다 '변화'에 대한 인식과 대응입니다. 변화를 읽어내고 변화에 책임 있게 응답하자는 뜻입니다. 이러한 뜻에서 장묘의 문제는 웰다잉 시대에 죽음에 대한 인식의 변화 속에서 교회가 관심을 두어야 할 과제 중 하나라고 하겠습니다. 특히, 부활 소망의 장묘와 문화변혁의 윤리가 필요합니다.

예를 들어, 예수께서 십자가에 못 박혀 처형되는 강도에게 '낙원(paradise)'에 있을 것이라고 하신 말씀은 인사치레가 아닙니다. 하우어워스(Stanley Hauerwas)가 예수 그리스도와 함께 있는 곳을 낙원이라고 말했던 점에 비추어보면,[87] 그가 평소에 교회가 지향해야 할 정체성의 요소로 십자가와 부활이라는 점을 강조했던 의의가 더욱 분명해지는 것 같습니다.

잘 알고 있듯이, 이러한 부활 소망의 장묘에 대한 근거는 초대교회와 카타콤의 역사에까지 거슬러 올라갈 수 있습니다. 그 중심은 부활신앙입니다. 카타콤(카타콤바)은 'cata cumbas(골짜기, 협곡)'라는 지명을 가지고 있었습니다.[88]

카타콤은 초기 기독교도에게 신앙의 구심점 역할을 했으며, 새로운 삶을 기다리며 쉬는 안식과 휴식의 공간으로 여겨졌습니다. 그들에게 죽음은 새로운 삶으로 옮겨가는 과정이었습니다. 그리고 카타콤은 부활을 기다리며 잠자는 안식처로 인식되었습니다.

이 시기에 있었던 기독교 박해를 참고할 필요가 있습니다. 순교자들의 시신은 매장할 수 없을 정도로 처참하게 훼손당하는 경우가 많았지만, 그럼에도 불구하고 순교한 자들의 신앙의 원동력은 부활신앙이었습니다.[89]

부활에 대한 소망은 그리스도인의 순교에 대한 열정을 불태웠습니다. 순교는 기독교 신앙의 핵심이요 믿음의 완성으로 보는 시각이 교회 안에 널리 확산되었습니다. 나아가 부활신앙은 그리스도인에게 죽음조차 정복할 수 없는 용기와 확신을 불어넣었습니다. 이러한 배경에서, 초기 그리스도인은 부활신앙을 내세워 순교를 영광으로 생각했습니다.

안타깝게도 이러한 생각은 기독교 역사가 전개되는 과정에서 변질되고 상실되었습니다. 기껏해야 카타콤의 전승이 서양문화 속에 편입되어 묘지를 교회 건물 지하에 두는 방식으로 문화적 흔적을 이어왔다고 하겠습니다.

한국교회는 어떤가요? 장례에 대한 변형 또는 타협에만 관심을 두었을 뿐 장묘에 관해서는 일정한 의견도 중심도 없는 것은 아닌지 안타깝습니다. 어찌 보면, '장례는 타협하고 장묘는 포기했다'고 해야 할 듯싶습니다. 유교의 영향권에서 장례와 장묘에 관한 문화적 충돌로 비칠 수 있는 정황들을 겪으면서 기독교적 장례와 추도예배를 포함한 '예식서' 제정과 시행으로 만족하는 모습인 것 같습니다. 대안 혹은 창의적 접근이 필요한 시점일 듯합니다.

예를 들어, '소망교회 성도의 묘'는 교회적 관심과 대안을 제시한 창의적 해법일 수 있겠습니다. 곽선희 목사께서 1997년 소망교회 수양관에 설치한 '소망교회 성도의 묘'는 종교기관의 대표적인 산골시설로 소개되었습니다.[90] 다만, 산골 방식에 고인을 기리기 위한 배려가 없는 것은 아닐까 하는 아쉬움이 있었습니다.

어쨌든, 장묘와 기념시설이 동시에 제공되는 창의적 대안이 필요하다는 점은 분명합니다. 성도로서 일생을 복음 안에서 살다가 부활 소망의 신앙으로 천국에 간 고인의 삶을 기념하는 동시에, 부활 소망을 위한 기념교회를 접목한 접근 방식이 유의미한 대안의 하나가 될 것으로 보입니다.

예를 들어, 경기도 이천에 위치한 '에덴낙원 메모리얼 리조트(Eden Paradise Memorial Resort, 이하 '에덴낙원'으로 표기)'의 시도는 유수식 자연장과 납골이라는 두 가지 방식을 적용한 장묘시설을 갖추고 있으며, 부활의 소망을 위한 기념교회가 그 중심에 자리하고 있습니다. 인상적인 것은 성도의 죽음이 구별되어야 한다는 점을 강조하는 부분입니다.

성도의 죽음이 '구별'되듯 성도의 묘지 역시 '구별'되
어야 한다는 뜻에서 '에덴낙원'은 부활하신 그리스도를
믿을 뿐만 아니라 몸이 다시 살고 영원히 사는 것을 믿
는 성도들의 신앙고백 위에 세워졌으며, 이러한 성도의
실제화된 곳으로서 무분별한 장묘문화에 굴복한 채 사
망에 종노릇 하는 묘지를 부활 소망의 현장으로 회복하
려는 노력이다.[91]

이러한 뜻에서 '에덴낙원'은 기독교 장묘의 문화변혁을
시도한 사례라 할 수 있겠습니다. 특히, '부활교회'에 주목해
야 할 것 같습니다. '부활교회'에는 산골을 위한 '부활소망가
든'과 납골시설인 '부활소망안식처'가 준비되어 있으며, 이
는 부활의 신앙을 구체화한 것이라 하겠습니다.

에덴낙원을 또 하나의 새로운 형태의 장묘시설로만 볼
것이 아니라, 교회적 구별의 상징으로 이해해야 할 것 같습
니다. 카타콤이 박해받던 시대의 부활신앙을 상징하는 것이
라면, 에덴낙원은 웰다잉 시대의 부활신앙을 구체화한 것이
라고 할 수 있기 때문입니다. 특히, '죽는 순간에서도 복음의
증인'이 되어 '예수 믿고 죽어서 천당 간다는 확신'을 보여줌
으로써 복음의 증인 되는 길을 보여준다는 점에서 의의가 크

다고 하겠습니다.

초고령교회와 제2의 인생

　인구절벽 또는 인구위기에 대한 이야기는 이미 오래
되었습니다. 유엔의 기준을 적용하면, 한국사회는 2000년
고령화사회(7% 이상)에 들어간 지 17년 만에 인구의 14%가
65세 이상인 고령사회에 진입했다고 합니다.

　2030년에는 초고령사회(20% 이상)가 되리라 예측됩니
다. 2050년에는 4,000만 명 수준이 될 것이고, 2100년에는
3,000만 명 밑으로 떨어질 것이라고들 하더군요. 물론, 인구
가 줄어들 것은 분명하지만 그렇다고 해서 공포를 조성하는
것이 능사는 아니라는 주장도 귀담아 들어야 할 것 같습니다.

　노동력 문제는 AI로 대표되는 자동화로 대체될 것이라
고 합니다. 의료비 급등 역시 일종의 착시현상에 불과한 것
으로 수명연장 상황에서도 집중의료가 필요한 기간은 크게
달라지지 않으며, 연금수령시기와 지급률 조절로 연금문제
도 해결할 수 있다는 주장이 있습니다. 초고령사회의 부작용

이 과장되고 있다는 취지일 듯싶습니다.[92] 인구절벽에 대한 우려를 불안과 공포로 몰아가기보다 공적 토론이 필요하다는 주장도 이와 유사해 보입니다.[93]

'초고령교회'에 대한 우려는 초고령사회에 관한 인구학적 우려와는 결이 완전히 다릅니다. 단지 우려가 아니라 실현될 위기를 유럽의 사례에서 충분히 확인하고 있기 때문입니다. 한동안 관심을 불러일으켰던 이슈인 '유럽 교회는 어디로 갔으며, 21세기 한국교회는 어디로 가야 하나?'를[94] 굳이 재론하려는 것은 아닙니다.

성도들이 떠난 유럽 교회들이 술집과 슈퍼 등으로 바뀌고 있다는 보고서는 일반 언론에서도 확인할 수 있었습니다.[95] 예배당이 스케이트보드 연습장으로, 서커스훈련학교로, 그리고 높은 천장이 주는 분위기를 살려 소설 《프랑켄슈타인》을 테마로 하는 술집으로 바뀌었다는 소식도 있었습니다. 유럽뿐만 아니라 미국에서는 2000~2010년에 5,000곳의 교회가 새로 생겼지만 성도는 오히려 3% 줄어서 머지않아 유럽과 비슷한 현상이 벌어질 것이라고 예측하기도 합니다.

그 와중에 세계 최대의 종교는 여전히 기독교라는 보도가 나오기도 했습니다.[96] 천주교(구교)와 개신교(신교)를 비롯해 각 지역의 독립교회, 동방정교, 기타 기독교(본인은 그리스도에 대한 충성과 헌신을 표방하지만 교회는 다니지 않는 사람들) 등을 모두 포함한 숫자로, 앞으로 30년 동안은 다른 종교에 1위를 내주지 않을 것이라는 당찬 예측을 포함한 기사였습니다. 어쩌면 '냉소적 희망'을 말해주는 부분이 아닐까 싶기도 합니다.

분명한 것은 인구학에서 말하는 초고령'사회'와 우리가 우려하는 초고령'교회'가 결코 같을 수는 없다는 점입니다. 우리는 인구절벽 혹은 초고령사회라는 말을 듣기도 전부터 초고령교회를 직면해왔기 때문입니다. 우리는 '초-초-초'를 수십 개나 더 붙여도 모자랄 정도의 초고령교회에서 신앙생활을 하고 있습니다.

형식 면에서는 유사할 수 있으나 내용은 완전히 다르다고 하겠습니다. 예를 들어, 초고령사회가 다음 세대를 염려하는 것처럼 초고령교회 역시 다음 세대를 걱정합니다. 초고령사회와 관련해서는 연금문제를 비롯한 다음 세대의 부담과 해소방안을 말하겠지만, 초고령교회와 관련해서는 신앙의 다음 세대를 기대하기 어려운 현실에 대해 우려가 매우 큽니다. 초고령사회를 논하기도 전에 초고령교회라는 현실 앞에서 교회는 절박할 수밖에 없습니다.

초고령교회라는 현실은 교회의 실천적 변화를 위한 관심을 촉구하고 있습니다. 사실, 이제까지 이 문제에 대한 관심은 결코 적지 않았습니다. 몇 가지 유형이 있습니다. 노인 복지학을 기반으로 하는 학술연구는 물론이고 교회가 관심을 기울여야 할 이슈들을 구체화하는 노력이 전개되어왔습니다.

또한 복지시설을 설립하여 운영하는 형식으로 참여하는 경우도 활발합니다. 기독교적 설립이념을 가진 사회복지 시설들에서 노인복지를 다양하게 구현하는 모습들은 상당한 역사를 지니고 있습니다. 그런가 하면, 교회가 다양한 프로그램으로 노인복지관을 위탁 운영하며 공적 책무를 다하려는 형태도 있습니다.[7]

다른 시도로, 교회 안에서 노인사역을 위한 프로그램에 관심을 두는 경우들을 생각해볼 수 있겠습니다. 고령화 추세 속에서 교회의 교육 및 복지 프로그램은 대부분의 교회에서 필수적인 분야로 요청되고 있습니다. '노인선교'라는 표현을 사용하면서 다양한 프로그램 개발의 필요성을 제기하고 사회의 모든 안전망의 보호를 받지 못하는 노인들을 돕기 위해 교회의 인적 · 물적 · 재정적 시설자원을 동원하는 움직임도 있습니다.

이러한 논의 과정에서 눈에 띄는 것은 정체성 문제를 제기한 부분입니다. 교회의 노인 프로그램이 고민 없이 지역사회 노인들을 위한 프로그램을 답습하는 방식으로 교회에 직접 도입하여 예배, 성경공부 등에 접목하여 실시하고 있는 탓에 기독교적 정체성을 확립하지 못할 수 있다는 주장은 주목할 만합니다.[98]

그 외에 교회의 의사결정과정과 관련된 논의 역시 초고령교회가 놓치지 말아야 할 요소 중 하나입니다. 고령화는 교회 리더십의 고령화와 연결되어 교회 내의 세대별 의사소통을 어렵게 하고, 나아가 교회 내 의사결정 문제를 낳을 수 있기 때문입니다.[99] 고령화로 인한 다음 세대와의 단절 문제를 제기한 것으로 보입니다.

무엇보다 다음 세대를 살리기 위해 30대와 40대가 교회의 의사결정기구에 들어가도록 교회의 구조를 바꾸어야 한다는 내용도 여기에 포함됩니다. 예컨대, 40대가 캐스팅 보드를 쥐고 20~30대와 50~60대의 균형을 잡는 리더십 구조를 세우는 것이 시급하다는 주장도 귀담아 들어야 할 것 같습니다.

그런가 하면, 지극히 현실적인 이슈도 있습니다. 사실, 늙음과 죽음에 관한 우리 시대의 언어는 암묵적으로만 아니라 명시적으로도 사회경제 관점에서의 '부양의 부담'이라는 말로 규정되는 경향이 나타나고 있습니다.[100]

이 문제는 노령인구의 경제생활에 대한 부분이기도 하고, 초고령교회 안에서 공감해주어야 할 과제이기도 합니다. 교회가 경제적으로 부양의 문제를 해결해야 한다는 뜻이 아니라, 제2의 인생 혹은 인생 후반전을 위한 강좌와 성경공부를 통해 복음적 통찰을 제시하자는 취지입니다. 교회의 노인대학 프로그램에서 다양한 강좌를 운영하는 것과 함께 현실적인 주제에 대해 통찰의 기회를 마련하는 것도 좋겠습니다.

특히, 제2의 인생에서 일과 소명에 대한 성찰을 이끌어주는 노력은 결코 생략할 수 없는 주제입니다. 일의 개념을 봉사와 학습을 포함하는 것으로 확장시켜야 하고, 삶의 모든 과정을 소명으로 인식하도록 이끌어주는 노력이 필요해 보입니다.

이것은 노령인구에만 해당하는 것이 아닙니다. 실업의 고통을 겪는 중장년의 아픔을 복음 안에서 공감해주고 격려해주는 과정도 필요할 듯합니다. 성도들의 삶에서 이미 경험하고 있는 이러한 문제들에 대해 교회가 공감과 위로의 공동체가 되어야 할 과제가 있습니다.

또한 죽음에 관한 복음적 인식을 위한 통찰을 제공하는 것 역시 중요합니다. 부활 소망의 신앙이 죽음에 관한 기독교의 고유한 관점인 것은 분명하지만, 삶과 죽음에 관한 기독교적 통찰을 다양하게 담아낼 콘텐츠를 확보하고 구체적인 인식의 기회들을 제공할 필요가 있겠습니다. 솔직히, '웰다잉 지도사'라는 자격증 과정이 우후죽순으로 생겨나는 현상을 보면서 아쉬움이 드는 것도 사실입니다.

트렌드를 놓치지 않으려는 노력 자체는 평가할 만하지만, 웰다잉 문제에 대한 심층적 이해를 가지고 있는 것인지 의구심이 들기도 합니다. 교회로서는 부활 소망의 신앙과 복음적 정체성을 근간으로 웰다잉의 '생명윤리'와 '생사학'을 통찰력 있게 다루어야 할 책무가 있습니다. 삶과 죽음을 신학적이고 신앙적인 관점에서 바르게 이해하도록 이끌어주어야 할 책무에 관심을 두자는 뜻입니다.

이와 관련하여 'Eden Paradise'에서 설립단계부터 오랫동안 구상하고 실현단계로 나아가고 있는 'E-Life Academy'는 좋은 사례가 될 듯합니다. 여기에서 말하는 'E'는 'Eden Paradise'의 가치가 담겨 있습니다. 그뿐만 아니라, 복음이 말하는 부활 소망의 영생(Eternal Life)을 함축적으로 담아내고 있습니다. 초고령교회를 위한 복음적 대안을 모색하고 목회적 구현방안을 제시하려는 노력이라는 점에서 기대가 큽니다.

웰다잉–초고령에서도, 교회됨!

처음 질문으로 돌아가 봅시다. 'Quo vadis?' 웰다잉 시대라는 맥락과 초고령교회라는 현실에 비추어볼 때, 심층적인 관심과 창의적 대안이 필요한 것은 분명합니다. 복지 전공자들을 비롯한 여러 분야의 전문가들의 도움을 받아야 하는 것도 맞습니다.

그러나 대안모색 과정에서 가장 중요한 것은 가야 할 방향을 잊지 않는 것입니다. 교회적 정체성 혹은 복음에 입각한 교회됨이 그것입니다. 웰다잉 시대의 초고령교회가 관심을 기울여야 할 수많은 과제 중에서 복음적 정체성을 세워가는 것보다 더 중요한 것은 없기 때문입니다.

예를 들어, 하우어워스가 십자가와 부활사건에 주목하면서 예수의 내러티브를 교회됨의 근간으로 제시한 부분은 정말 중요해 보입니다. 하우어워스는 교회가 세상의 문화적 조류에 휩쓸리거나 사회정의를 위한 보조기관으로 전락해서는 안 된다는 문제의식을 가지고, 교회의 최우선 책무는 '교회됨'(being church)이라는 사실을 힘주어 강조합니다.[101]

교회를 향한 하우어워스의 경고는 많은 것을 생각하게 해줍니다. 하우어워스가 보기에 우리 시대의 교회는 혼란에 빠져 있으며 그 원인은 '십자가에 못 박힌 교회(cross-shattered church)'가 되지 못한 데 있다고 합니다.[102] 십자가와 부활에 근거한 정체성을 가진 교회가 되어야 한다는 사실을 새삼 강조하고 있습니다.

그리고 하우어워스가 '순교'를 초대교회에서 예수 내러티브에 충실한 그리스도인으로서 복음의 증인이 되는 중요한 표식으로 해석한 것 또한 의의가 크다고 하겠습니다.[103]

하우어워스의 이러한 생각은 교회의 책무에 대한 이야기로 이어집니다. 우리는 예수 그리스도의 십자가와 부활을 통해 죽음의 공포에 끌려 다니는 세상을 향하여 대안이 있다는 사실을 알려야 한다는 뜻입니다.[104]

나아가 삶과 죽음에 대한 생각 또한 십자가와 부활에 근거한 것이어야 한다는 이야기로 확장하여 읽어낼 수 있을 것 같습니다. 이처럼 십자가와 부활 소망의 신앙을 강조하는 하우어워스의 요점은 그의 기도문에도 잘 나타나 있습니다.

아버지의 시간, 그 거룩한 은혜의 시간, 예수 그리스도의 부활을 통해 구속된 그 시간 안에서 저희로 하여금 기뻐하게 하고 안식하게 하소서. 그러면 죽을 때에도 편히 쉴 수 있겠습니다.[105]

요컨대, 웰다잉 시대의 초고령교회가 지녀야 할 정체성의 근거는 십자가와 부활에 있습니다. 죽음의 문제와 관련하여 교회는 십자가 사건과 부활의 소망을 재확인해야 하며, 다양한 프로그램은 교회의 정체성을 구현하기 위한 교회다운 방식으로 모색되고 실천되어야 합니다. 복지이론과 프로그램이 지닌 중요성은 충분하지만, 그것이 복음을 대체할 수 없으며, 웰다잉 시대의 초고령교회에서도 여전히 본질적 가치는 복음에 기초한 것이어야 마땅합니다.

여러 관점을 참고하고 벤치마킹하는 노력이 필요한 것이 사실이지만, '교회됨'을 위한 예수 내러티브로서의 복음에 대한 관심보다 앞서는 것이 된다면 그것은 정당성을 지닌다고 말하기 어렵다는 뜻입니다. 말하자면, 웰다잉 시대의 초고령교회에 필요한 최우선의 책무는 '교회됨(being church)'이라고 할 수 있겠습니다.

미주

1   David Cloutier, "The pressure to die: reconceiving the shaping of Christian life in the face of physician-assisted suicide," in Stanley Hauerwas, Carole Bailey Stoneking, Keith G. Meador, and David Cloutier, eds., *Growing Old in Christ* (Grand Rapids, MI: Wm B. Eerdmans Publishing Co., 2003), 247.

2   하이데거의 관점에 대해서는 다음 글을 참고하라. 이정렬, "하이데거의 존재론에서 죽음의 의의에 대한 고찰", 〈윤리교육연구〉 50(2018), 65-90.

3   특히, 우리나라에서 '죽음의 두려움'을 본격적으로 다룬 연구는 매우 드물다. 실천신학에서 죽음의 두려움을 다룬 경우가 있기는 하다. 한국인이 주로 믿는 여러 종교에서 말하는 죽음에 대한 서로 다른 개념들로 인하여 한국의 기독교인이 죽음에 대한 혼동된 개념을 가지고 있을 뿐만 아니라 죽음의 두려움을 겪고 있으며, 사후의 구원 문제 역시 혼동하고 있다는 취지였다. 죽음과 부활 및 영생에 대한 교육, 요양보호시설이나 호스피스 사역에 대한 관심, 목회자의 성령 충만함이 중요하다는 제언으로 이어진 글이었다. 유현숙, "죽음의 두려움을 통해 본 구원의 확신과 목회적 돌봄", 〈신학과 실천〉 58(2018).

4   Winston A. Van Horne, "St. Augustine: Death and Political Resistance," in *The Journal of Religious Thought*, vol.55(2001), 35.

5   Elena Martin, "Timor Mortis: The Fear of Death in Augustine's Sermons on

the Martyrs," *Studies in Church History*, vol.45(2009), 32.

6 용어를 다르게 적용하는 경우도 있다. 아감벤(Giorgio Agamben)은 'zoe'를 생물학적 생명으로, 'bios'를 정치공동체적 삶으로 각각 설명한다.

7 이 책에서는 생명윤리를 말하는 경우 '생명'이라는 단어를 사용하고, 생사학에 관해서는 '삶'이라는 단어를 각각 구분하여 사용함으로써 두 영역의 고유성을 존중하는 동시에 두 영역 모두에 대한 관심이 필요하다는 점을 의도적으로 표현하고자 한다.

8 이와 관련하여 다음 책을 참고하라. 새세대 교회윤리연구소 편, 《존엄사, 교회에 생명의 길을 묻다》(북코리아, 2009).

9 문시영, 《생명윤리의 신학적 기초》(성남: 긍휼, 2012), 146-151.

10 치료대상에 따라서도 구분된다. 구체적으로 예를 들자면, '신생아 중환자의 치료 중단', '연명환자 치료 중단' 등 그 대상에 따라 구분된다. 이렇게 보면, 간략하게 줄여서 말하기에는 다양한 요소들이 반영된 개념이라 할 수 있다. '치료' 개념 자체도 달라지고 있다. '건강 회복'이라는 뜻을 넘어서 '병의 악화 속도를 늦추는 것'이나 '죽지 않게 함'까지 포함된다고 한다.

11 "존엄한 죽음일까, 강요된 아사일까: 뱅상 랑베르의 죽음을 둘러싼 판결, 그리고 프랑스의 국민적 논쟁", 〈오마이뉴스〉 2019년 5월 7일자.

12 "인간다운 죽음, 웰다잉법 통과: 호스피스·장례사업 변화 이끌까?", 〈브릿지경제〉, 2016년 1월 20일자.

13 문시영, 《생명윤리의 신학적 기초》(성남: 긍휼, 2012), 73-79.

14 "웰다잉 시대 도래… 상조서비스 재조명", 〈이코노믹 리뷰〉, 2016년 3월 22일자.

15 M. Battin, *Ending Life: Ethics and the way we die* (Oxford: Oxford University Press, 2005), 325.

16 이을상, "죽음의 성찰: 한국인의 죽음관, 영혼관, 신체관", 〈철학논총〉 32(2003), 437-460.

17 정효운, "한국 생사학의 현황과 과제: 호모후마니타스사행학 구축을 위한

제언을 중심으로", 〈동북아문화연구〉 21(2009), 167-181.

18 양준석 외, "생사학 연구동향과 학문성 모색", 〈강원대 인문과학연구〉
    49(2016), 435-459.

19 정재현, "죽음에 대한 철학적 종교적 이해: 삶과 죽음의 역설적 얽힘을 향
    하여", 〈가톨릭철학〉 12(2009), 291-319.

20 Yoshiyuki Inumiya, "청년기의 생명윤리와 사생관: 자살, 임신중절 및 장기
    기증을 중심으로", 〈한국심리학회지: 사회 및 성격〉 19-1(2005), 85-108.

21 조광덕 · 윤영하, "종교와 종교성이 '연명의료'치료 중단 결정에 미치는 영
    향", 〈신학과 사회〉 33(2019), 57-98.

22 앞의 글에서 요약했다.

23 *Confessiones*, IV.

24 *Confessiones*, IX.

25 *Confessiones*, VI.

26 이와 관련하여 아이비리그 3대 명강의(정의론, 행복론, 죽음론)에 속하는
    다음 책을 참고하라. Shelly Kagan/박세연 역, 《죽음이란 무엇인가》(서울:
    엘도라도, 2012).

27 박노권, "현대 죽음이해에서 종교적, 도덕적 의미의 회복", 〈선교와 신학〉
    17(2006), 199-228.

28 *De civitate Dei*, XIII. 10; 성염 역, 《신국론》(왜관: 분도출판사, 2004)을 참
    고했다.

29 *Sermones*, 280. 3.

30 *Sermones*, 297. 3-4.

31 다음 책에서 해당 항목을 인용했다. Fitzgerald, Allan D. ed. *Augustine
    through the Ages* (Grand Rapids, MI: William B. Eerdmans Publishing Com-
    pany, 1999)

32 *Soliloquia*, I. 9. 16.

33 변종찬, "죽음의 공포에 대한 아우구스티누스의 이해", 229.

34 Allan D. Fitzgerald, ed., *Augustine through the Ages*, 839.

35 앞의 글, 839.

36 이 글에 언급한 펠라기우스에 대해서는 다음에 소개된 부분을 참고하여 필자의 문장으로 요약했음을 밝혀둔다. "timor mortis," in Allan D. Fitzgerald, ed., *Augustine through the Ages*, 838–842.

37 변종찬, "죽음의 공포에 대한 아우구스티누스의 이해", 235.

38 앞의 글, 237.

39 Allan D. Fitzgerald, ed., *Augustine through the Ages*, 841.

40 앞의 글, 539.

41 Daniel E. Doyle, "introduction to Augustine's Preaching," in Augustinus, *Essential Sermons*, translated by Edmund Hill (New York, NY: New City Press, 2007), 13.

42 Elena Martin, "Timor Mortis: The Fear of Death in Augustine's Sermons on the Martyrs," 32.

43 앞의 글, 39.

44 앞의 글, 37.

45 Allan D. Fitzgerald, ed., *Augustine through the Ages,* 540.

46 *Sermones*, 344. 3.

47 *De civitate Dei*, V. 13–14.

48 *De civitate Dei*, I. 23–24. XIX. 4.

49 Sarah Byers, "The psychology of compassion: Stoicism in City of God 9.5", in ed. by James Wetzel, *Augustine's City of God* (Cambridge: Cambridge University Press, 2012), 132.

50 강용수, "공적 감정으로서의 공감에 대한 연구: 스토아주의와 자연주의를

중심으로", 〈철학탐구〉 45(2017), 139.

51   장영란, "스토아학파의 영혼의 윤리적 훈련과 치유", 〈해석학연구〉 36(2015), 206.

52   *De civitate Dei*, XIX. 4.

53   *De civitate Dei*, XIII. 2.

54   앞의 글, 43.

55   *Sermones*, 304. 3.

56   Elena Martin, "Timor Mortis: The Fear of Death in Augustine's Sermons on the Martyrs," 40.

57   앞의 글, 34.

58   앞의 글, 36.

59   앞의 글, 39.

60   Allan D. Fitzgerald, ed., *Augustine through the Ages*, 540.

61   *De civitate Dei*, XIII. 7.

62   Peter Brown/정기문 역, 《아우구스티누스》(서울: 새물결출판사, 2012), 613.

63   Possidius/이연학 · 최원오 역, 《아우구스티누스 생애》(왜관: 분도출판사, 2008), 154.

64   H. Liebescheots, "Western Christian Thought From Boethius To Anselm", in *The Cambridge History of Later Greek and Early Medieval Philosophy*, ed. A. H. Armstrong (Cambridge: Cambridge University Press, 1970), 585.

65   Allan D. Fitzgerald, *Augustine through the Ages*: A Encyclopedia, 633.

66   앞의 글, 635.

67   문시영, "레미제라블과 그리스도인의 윤리의식", 〈장신논단〉 46-1(2014), 121-147.

68 Stanley Hauerwas and David Burrell, and Richard Bondi, eds, *Truthfulness and Tragedy: Further Investigation into Christian Ethics* (Notre Dame, IN : University of Notre Dame Press, 1977), 34.

69 James Wetzel, *Augustine and the Limits of Virtue* (Cambridge : Cambridge University Press, 1992), 126.

70 Bonnie Kent, "Augustine's ethics", in eds. Eleonore Stump and Norman Kretzmann, *The Cambridge Companion to Augustine* (Cambridge : Cambridge University Press, 2001), 225.

71 권연경, "죽음과 새로운 삶의 변증법: 바울의 복음과 자기부정의 논리", 〈신학과 실천〉 51(2016), 403-437.

72 김영선, "영혼불멸사상과 부활신앙의 대립과 융합에 대한 소고", 〈장신논단〉 51-1(2019), 99-151.

73 최재덕, "역사적 예수의 부활에 대한 연구자들의 주장들과 이에 대한 고찰", 〈선교와 신학〉 47(2019), 387-426.

74 이 부분은 다음 책을 참고했다. 게랄드 휘터/박여명 역, 《존엄하게 산다는 것》(서울: 인플루엔셜, 2019).

75 앞의 책, 60.

76 앞의 책, 23.

77 앞의 책, 25.

78 앞의 책, 73.

79 앞의 책, 217.

80 Paul Ramsey, "The Sanctity of Life", in *The Dublin Review* (1967), 241.

81 이와 관련하여 다음 책을 참고하라. 문시영, 《생명윤리의 신학적 기초》(성남: 긍휼, 2012)

82 이상원, "장묘방식에 관한 기독교윤리학적 성찰", 〈신학지남〉 258호 (1999), 83-108.

83 박태호, 《장례의 역사》(서울: 도서출판 서해문집, 2006), 175.

84 "자연장–납골평장–수목장, 다양해지는 장묘문화", 〈뉴시스〉, 2013년 9월 20일자.

85 "친환경적 장묘문화 조성, 기독교기념공원 개원", 〈크리스찬 투데이〉, 2009년 4월 21일자.

86 이봉화, "서울특별시의 새로운 장사정책, 산골문화, 그 새로운 접근을 위한 연구", 〈한국장묘문화개혁범국민협의회 보고서〉(2004), 15.

87 Stanley Hauerwas, Cross-Shattered Christ, 신우철 역, 〈십자가 위의 예수〉 (서울: 새물결플러스, 2009). 53.

88 이 부분은 〈네이버 지식백과〉의 '지하 묘지, Katakombe' 항목을 참고했다.

89 김주한, "카타콤베와 초기 기독교도들의 부활살이", 〈기독교사상〉 676호 (2015), 32–39.

90 박복순, "국내외 산골시설 및 사례, 산골문화, 그 새로운 접근을 위한 연구", 〈한국장묘문화개혁범국민협의회 보고서〉(2004), 97.

91 '에덴낙원 메모리얼 리조트'에 관해서는 http://www.edenparadise.co.kr을 참고하라.

92 "초고령사회는 재앙이 아닌 축복", 〈사이언스 타임즈〉, 2018년 10월 19일자.

93 "인구학에 길을 묻다", 〈동아일보〉, 2019년 4월 29일자.

94 김승연, 《유럽교회는 어디로 갔는가?》(서울: 생명의 말씀사, 1997).

95 "신도 떠난 유럽 교회들 술집 슈퍼 등으로 변해", 〈한국일보〉, 2015년 1월 4일자.

96 "2017년 세계 최대 종교는 기독교", 〈기독일보〉, 2017년 1월 6일자.

97 "묵묵한 섬김의 실천, 지역교회 노인복지관 위탁운영", 〈CTS뉴스〉, 2019년 4월 12일자.

98 "고령화 속에 있는 한국교회의 미래", 〈성결신문〉, 2018년 4월 9일자.

99 "한국교회, 고령화 미숙화 되고 있다", 〈코람데오 닷컴〉 2018년 3월 21일자.

100 D. Stephen Long, "The language of death: theology and economics in con-flict", in Stanley Hauerwas, Carole Bailey Stoneking, Keith G. Meador, and David Cloutier, eds., *Growing Old in Christ* (Grand Rapids, MI: Wm B. Eerdmans Publishing Co., 2003), 131.

101 하우어워스의 윤리의 특징과 논제들에 관한 소개와 한국적 논의에 대해서는 문시영, 《교회됨의 윤리》(북코리아, 2013)를 참고하기 바란다.

102 Stanley Hauerwas, *Cross-Shattered Church* (Grand Rapids: Brazos Press, 2009), 20.

103 Stanley Hauerwas and Samuel Wells, ed., *The Blackwell Companion to Christian Ethics* (Malden, MA: Blackwell Publishing, 2006), 41. 하우어워스의 교회윤리에 관해서는 그의 책 *A Community of Character*, 문시영 역, 《교회됨》(북코리아, 2010)을 참고하라.

104 Stanley Hauerwas/신우철 역, 《십자가 위의 예수》, 66.

105 이 기도문은 하우어워스의 것으로 소개된 부분을 인용했다. 김영봉 편, 《사귐의 기도를 위한 선집》(IVP, 2004), 608.

참고문헌

Augustinus의 원전

(인터넷 아카이브를 참고했음. https://www.augustinus.it/latino/
index.htm)

Confessiones.

De civitate Dei.

Sermones.

Soliloquia.

권연경, "죽음과 새로운 삶의 변증법: 바울의 복음과 자기부정의 논리",
        〈실천신학〉 51 (2016), 403-437.

김승연, 《유럽교회는 어디로 갔는가?》(서울: 생명의 말씀사, 1997).

김주한, "카타콤베와 초기 기독교도들의 부활살이", 〈기독교사상〉 676호 (2015).

문시영, 《교회됨의 윤리》(북코리아, 2013).

_____, "아우구스티누스와 죽음의 두려움(timor mortis): 죽음의 윤리학적
        성찰", 〈대학과 선교〉(2019).

박노권, "현대 죽음이해에서 종교적 도덕적 의미의 회복", 〈선교와 신학〉
　　17(2006), 199-228.

박복순, "국내외 산골시설 및 사례, 산골문화, 그 새로운 접근을 위한 연구",
　　〈한국장묘문화개혁범국민협의회 보고서〉(2004).

박태호, 《장례의 역사》(도서출판 서해문집, 2006).

변종찬, "죽음의 공포에 대한 아우구스티누스의 이해", 〈가톨릭신학과 사상〉
　　68(2011), 219-259.

브라운, 피터/정기문 옮김, 《아우구스티누스》, 서울: 새물결출판사, 2012.

새세대 교회윤리연구소 편, 《존엄사, 교회에 생명의 길을 묻다》(북코리아, 2009).

양준석 외 6인, "생사학 연구동향과 학문성 모색", 〈강원대 인문과학연구〉
　　49(2016), 435-459.

유현숙, "죽음의 두려움을 통해 본 구원의 확신과 목회적 돌봄", 〈신학과 실천〉
　　58(2018), 475-498.

이봉화, "서울특별시의 새로운 장사정책, 산골문화, 그 새로운 접근을 위한 연구",
　　〈한국장묘문화개혁범국민협의회 보고서〉(2004).

이상원, "장묘방식에 관한 기독교윤리학적 성찰", 〈신학지남〉 258호(1999).

이정렬, "하이데거의 존재론에서 죽음의 윤리적 의의에 대한 고찰",
　　〈윤리교육연구〉 50(2018), 65-90.

케이건, 셸리/박세연 옮김, 《죽음이란 무엇인가》, 서울: 엘도라도, 2012.

포시디우스/이연학 · 최원오 옮김, 《아우구스티누스 생애》, 왜관: 분도출판사,
　　2008.

Fitzgerald, Allan D., ed. *Augustine through the Ages*. Grand Rapids, MI:
　　William B. Eerdmans Publishing Company, 1999.

Hauerwas, Stanley, Carole Bailey Stoneking, Keith G. Meador, and
　　David Cloutier, eds., *Growing Old in Christ* (Grand Rapids, MI: W.
　　B. Eerdmans, 2003).

———— and Samuel Wells, ed., *The Blackwell Companion to Christian
　　Ethics*, Malden, MA: Blackwell Publishing, 2006.

_____, *Cross-Shattered Church*, Grand Rapids, MI: Brazos Press, 2009.

_____, *Cross-Shattered Christ*, 신우철 역, 《십자가 위의 예수》(새물결 플러스, 2009).

Martin, Elena., "Timor Mortis: The Fear of Death in Augustine's Sermons on the Martyrs." *Studies in Church History* 45(2009). 31-40.

Van Horne, Winston., "St. Augustine: Death and Political Resistance." in *The Journal of Religious Thought* 55(2001). 34-50.